Margit Bürner

BERNER SENNENHUND

Kosmos

Erziehung leichtgemacht ▸ 66

Freizeitpartner Berner Sennenhund ▸ 80

Berner Sennenhunde züchten ▸ 94

Service ▸ 108

So sind Berner Sennenhunde

So sind Berner Sennenhunde

▸ Aussehen und Wesen

Der Berner ist ursprünglich, treu, freiheitsliebend und bodenständig wie die Menschen seiner Heimat. Ein Hund mit Seele.

Wir sehen einen harmonisch gebauten, muskulösen, übermittelgroßen Hund vor uns. Die Decke seines Haarkleides ist immer schwarzglänzend und leicht gewellt. Weiß leuchtet die Brust, das sogenannte Schweizer Kreuz. Die braunen Abzeichen kennzeichnen den Berner im Gesicht über den Augen und an den Beinen. Weiße Pfoten und die weiße Schwanzspitze sind im Standard erwünscht. Die weiße Blässe im Gesicht gibt ihm ein freundliches Aussehen.

Der Berner Sennenhund, ein Hund voll Kraft und Lebensfreude

Ein Hund ohne Übertreibungen, ursprünglich und kraftvoll, überzeugt durch natürliche Ausstrahlung. All das sind Merkmale, die die Harmonie und die Schönheit unserer Hunde unterstreichen. Das Wesen und seine Seele aber erkennen wir in seinem freundlichen Blick und in der Farbe seiner braunen, warmherzigen Augen. Unsere Berner strahlen Freundlichkeit aus und zeigen eine liebevolle Bindung an ihre Menschen.

Wegen seiner Anhänglichkeit, Gutmütigkeit und seines freundlichen Wesens wurde der Berner zum idealen Familienhund. Dabei ist er ein verläßlicher Begleiter und Beschützer. Er ist wachsam und furchtlos in Alltagssituationen. Aufmerksam und sicher, zeigt er gute Führigkeit. Ein Berner läßt seine Stimme nur hören, wenn es nötig ist.

Berner Sennenhunde sind absolut untauglich für die Zwingerhaltung. Damit ist durchaus auch »moderne« Zwingerhaltung innerhalb des Hauses oder der Wohnung gemeint. Denn ein Berner Sennenhund benötigt den Umgang mit Menschen und Artgenossen.

Unsere Berner fordern ihre Menschen. Sie verlangen Zuwendung und die Liebe ihres gesamten Menschenrudels. Am wohlsten fühlen sie sich in einer Familie, in der sie ihrer Aufgabe seit Urzeiten genügen können. Sie »hüten« ihr Menschenrudel und fühlen sich am wohlsten mitten unter ihnen.

All diese hervorragenden Eigenschaften fördern die anerkannten Züchter im Schweizer Sennenhund-Verein für Deutschland e. V., ebenso die Züchter in den Sennenhund-Vereinen Österreichs und der Schweiz. Diese Eigenschaften sind es wert, alles zu tun, um erhalten zu bleiben.

Der Dürrbächler

Im Berner Mittelland war der Berner Begleiter auf den Gehöften der Bauern, vor allen Dingen aber auch ein Helfer seiner Herren.

Als Treibhund für das Vieh, als Zughund mit Ausdauer und als aufmerksamer Wachhund erarbeitete er sich die Liebe seiner Menschen. Besonders im Dürrbachtal waren diese Hunde mit ihren drei Farben und dem langen Haarkleid häufig zu finden. Ihre Heimat gab ihnen auch den damaligen Namen.

Der wahre Ursprung und die Herkunft des Dürrbächlers, unseres heutigen Berner Sennenhundes, ist bis zu diesem Tag ein Geheimnis der Geschichte geblieben. Ursprünglich vermutete man, die Abstammung wäre auf die Molosser zurückzuführen, welche mit den Römern in die Schweiz gekommen waren. Dafür liegen aber bis heute keine gesicherten Erkenntnisse vor.

Vielmehr ist man heute davon überzeugt, daß es sich um Hundeschläge gehandelt hat, die immer schon in dieser Gegend, dem Dürrbachtal und den Hochlagen des Berner Oberlandes, gelebt haben.

Ein Berner braucht seine Streicheleinheiten und eine liebevolle Beziehung zu seinen Menschen.

Die Haltung und die Vermehrung dieser Hunde richtete sich ausschließlich nach ihrer Gebrauchsfähigkeit. Die kleineren Hunde, aus denen sich später Entlebucher und Appenzeller Sennenhunde entwickelten, verwendete man zum Treiben von Vieh. Von den größeren Hunden erwartete man das Bewachen von Höfen, von Hab und Gut.

Hierdurch betrieb man ungewollt und willkürlich eine Auslese, die sich im Laufe der Jahrhunderte im Erbgut der Hunde manifestierte. Selbst noch vor 50 Jahren wurden Tiere, die den Erwartungen, die in sie gesetzt wurden, nicht entsprachen, die jagten, sich unerlaubt vom Hof entfernten oder zum Hof gehörendes Getier nicht tolerierten oder beschützten, getötet. Somit wurde ohne kynologische Ambitionen auf Haustreue und Verträglichkeit selektiert.

Tierschutz im heutigen Sinn war damals unbekannt. Die Hunde hatten ihre Pflicht zu erfüllen, mußten funktionieren, ansonsten hatten sie keinerlei Überlebenschancen. Das bäuerliche

»Auch ein großer Hund braucht mal eine Pause. Trotzdem entgeht mir nichts!«

Leben der damaligen Zeit war geprägt von harter Arbeit und Armut. Für nutzlose Fresser war kein Platz. Dadurch wurde ungewollt bei den Bauernhunden harte Zuchtselektion betrieben. Die Tiere wurden mit dem, was gerade da war, gefüttert. Diese relative »Leichtfutterigkeit« ist auch heute noch im Erbgut der Sennenhunde zu finden.

Sie verdienten sich ihr Leben durch Zuverlässigkeit und Treue zu ihren Menschen und zu allem, was dazugehörte. Auch dieses Erbgut zeichnet den Berner Sennenhund heute aus. Seine besondere Anhänglichkeit zu seinen Menschen ist sprichwörtlich. Allerdings hatten diese Bauernhunde auch das, was auch heute noch das Wichtigste für die Berner ist – den ständigen Kontakt zu ihren Menschen. Ob Arbeiten auf den Almwiesen zu verrichten waren, auf den Bauernhöfen, im Stall oder mit dem Vieh – Bäri oder Bläss waren immer dabei. Und in den kalten und langen Wintern fand sich immer ein Platz in einer Ecke oder unter der Ofenbank. Bäri oder Riegi waren ein Teil der Gemeinschaft.

Bereits damals begann die Prägung darauf, weniger der Hund eines Einzelnen zu sein, als vielmehr der Kamerad für alle Mitglieder der bäuerlichen Gemeinschaft.

Dort, wo gerade etwas zu erledigen war, war auch Bäri dabei. Er unterschied jedoch genau, wer Mitglied der Gemeinschaft war, und meldete Fremde oder Eindringlinge sofort, ohne aggressiv zu werden.

DER DÜRRBÄCHLER WIRD BEKANNT

▶ Mit der Ausweitung und Verbesserung der Verkehrsmöglichkeiten verbreitete sich auch der Ruf der gebrauchstüchtigen Hunde aus dem Weiler Dürrbach. Dürrbach liegt an der Verkehrsverbindung nach Bern. Hundekarren und -gespanne waren zu dieser Zeit selbstverständlich. Für jede Art von Transportmöglichkeit war man

»Netty von Burgdorf« gehört zu den wichtigsten Stammtieren der Rasse und darf auch heute noch als Schönheit gelten.

dankbar. Ein großer Teil der Kleinlasten wurde so transportiert. Händler und Handwerker, immer auf der Suche nach besonders leistungsfähigen Tieren, wurden durch Hörensagen auf die Dürrbächler aufmerksam.

Die Menschen lebten damals selbst immer hart am Existenzminimum. Das Leben ging oft nicht recht freundlich mit ihnen um. Genauso hart behandelten sie manchmal auch ihre Hunde. So erzählt die Geschichte, daß eine Sennenhündin, eingeschirrt an ihrem Karren, auf einem Markplatz ihre Jungen zur Welt brachte – bis einsichtige und tierliebende Menschen ihr halfen und sie versorgten.

Wußten Sie schon?

Berner Sennenhunde wurden in früheren Zeiten vor Karren gespannt und brachten so die Milch zur nächsten Käserei.

Die Rasse entsteht

Aber immer noch konnte von bewußter und zielgerichteter Hundezucht keine Rede sein.

Am 8. Juni 1883 wurde von einigen besonders hundefreundlichen Männern zum »Zwecke der Aufzucht und Pflege unseres ältesten und edelsten Haustieres« in der Schweiz die Schweizerische Kynologische Gesellschaft (SKG) gegründet. Ein Name taucht bei all diesen Aktivitäten häufig auf und ist daher mit den Anfängen der Berner-Zucht in der Schweiz eng verbunden: Max Siber.

Ausgezeichnete und anerkannte Hunde wurden ab diesem Zeitpunkt namentlich geführt und registriert. Das erste schweizerische Hundestammbuch entstand und wurde geführt. Ab dem Jahr 1900 bildeten sich in verschiedenen Kantonen der Schweiz Ableger dieser kynologischen Vereinigung. Im selben Jahr veranstaltete man die erste schweizerische Hundeschau.

Pioniere der heutigen Berner-Zucht waren, neben Siber, Mummenthaler, Schafroth und Schertenleib. Auch diesen Männern fielen die Gelbbäckler, auch Bunte Hunde genannt, auf. Sie kann man als Urväter des Berner Sennenhundes bezeichnen. Im Jahre 1902 stellten die Schweizer Bauern ihre Hunde bei Ausstellungen vor.

Die Geburtsstätte der Rassehundezucht für Berner lag in Burgdorf, und es begann im November 1907. Selbstverständlich war dieser Anfang noch nicht mit der Zucht von heute zu vergleichen, aber die ersten Schritte wurden gemacht: Jetzt beschlossen einige Hundefreunde, an ihrer Spitze Prof. Dr. Heim, Geologe und Heimatkundler, die hervorragenden Eigenschaften dieser Rasse zu erhalten. Nun beachtete man konsequent die Reinzucht und nannte die Hunde auf Vorschlag von Prof. Dr. Heim »Berner Sennenhunde«. Er betrieb auch die Trennung der Sennenhunde von den Bernhardinern. Eines der Rassekennzeichen bei Sennenhunden war und ist die Dreifarbigkeit; Bernhardiner sind dagegen rot-weiß. Prof. Dr. Heim war es, der mit seinem hervorragendem kynologischem Sachverstand Richtlinien für die Rassereinzucht festlegte und vorschlug, die »Langhaarigen« und die »Kurzen« zu trennen. Es bildeten sich je eigene Rassen: der langhaarige Berner Sennenhund und die kurzhaarigen Rassen Entlebucher, Appenzeller und Großer Schweizer Sennenhund. Der Siegeszug des Berner Sennenhundes begann. Dies war aber auch ein Meilenstein in der Reinzucht des Großen Schweizer Sennenhundes. Prof. Dr. Heim riet, beim Dürrbächler das »Langhaar zu pflegen«.

Der erste Schweizerische Dürrbachklub erstellte die Rassekennzeichen, und bereits 3 Jahre später konnte man auf einer Hundeschau die stolze Zahl von 107 Tieren vorführen. Nur 6 Tiere genügten den Anforderungen der neuen Rasse nicht.

Einer der größten Förderer der neu entstandenen Rassen war und blieb Prof. Dr. Heim. Er richtete bei dieser Ausstellung alle Tiere und hielt diesen Bauernhund wohl für einen der schönsten Hunde seiner Zeit. Nicht nur wegen seiner bestechenden Dreifarbigkeit, sondern vor allen Dingen wegen der Harmonie seines Wesens.

▸ Berner in Deutschland

Nach Deutschland kamen die Berner Sennenhunde durch die Eheleute Frank und Nanny Behrens. Sie suchten einen aufmerksamen Wachhund für ihren Besitz in Schleißheim bei München.

Nanny Behrens, die Begründerin der Berner Sennenhundezucht in Deutschland. Vor ihr Prof. Dr. Heim, einer der größten Förderer der Schweizer Sennenhunde. Daneben Dr. Scheidegger, Züchter und Förderer der Berner in der Schweiz. Die Hunde sind »Regina von Oberaargau«, Stammutter des Zwingers vom Sieberhaus, und der preisgekrönte Rüde »Leo Greiner«.

Prof. Dr. Heim riet ihnen auf einer Ausstellung in München zu den Schweizer Bauernhunden. 1911 kam der junge Rüde »Senn vom Schloßgut« im Alter von 8 Wochen zum Ehepaar Behrens nach Schleißheim. Später folgte Nanny Behrens' Zuchthündin und damit die Stammutter des Zwingers »vom Sieberhaus«, »Regina von Oberaargau«. Der Name des Ehepaares Behrens ist mit der Zucht des Berner Sennenhundes in Deutschland eng verbunden. An der Gründung des Schweizer Sennenhund-Vereins für Deutschland ist Nanny Behrens maßgeblich beteiligt. »Sie ergreift die Initiative aus kynologischer Passion und der begründeten Überzeugung zu den Sennen« – so beschreibt dieses Geschehen die Chronik des SSV.

Unter den Gründungsmitgliedern findet man auch den Namen eines Mannes, der 35 Jahre die Geschicke der Berner-Zucht in Deutschland mitbestimmt und als Glücksfall für den Verein beschrieben wird: Georg Regner.

1925 gliedert sich der SSV, allein zuchtbuchführender Verein für alle vier Schweizer Sennenhund-Rassen, dem »Deutschen Kartell für Hundewesen« (später VDH) an und ist damit Mitglied der 1911 gegründeten FCI.

Wußten Sie schon?

Hunde mit braunen Abzeichen über den Augen wurden in verschiedenen Regionen auch Vieräugler genannt. Dies galt unterschiedlich als Glücks- oder Unglückssymbol.

Paßt ein Berner in Ihre Familie?

Berner Sennenhunde binden sich besonders stark an ihre Menschen. Für Einzelpersonen, die gerne unterwegs sind, sind sie daher weniger geeignet. Als Hunde, deren Familiensinn geradezu sprichwörtlich ist, lieben sie die Familiengemeinschaft.

Unser Rüde geht abends nicht auf seinen Schlafplatz, bis nicht der letzte in der Familie nach Hause gekommen ist. Und er hat schon manche Nacht durchwacht, wenn einmal für ein Familienmitglied eine Übernachtung außer Haus nötig war. Berner sind auf Ruhe und Ordnung bedacht! Als geradezu harmoniesüchtig beschrieben, sind sie für Familien weniger geeignet, bei denen bei Streitgesprächen des öfteren »die Post abgeht«. Für besonders reiselustige Menschen, die gerne fremde Länder erkunden, wird ein Berner ebenfalls nicht der richtige Partner sein.

Für Familienmenschen mit Sinn für Natur und Umwelt, die genügend Zeit für die Bedürfnisse ihres Hundes haben, sind sie die idealen Partner. Bei Wanderungen durch Wald und Feld zeigt sich der Berner als hervorragender Begleiter. Immer dicht neben oder hinter seinen Menschen, ist er kein Hund, der vorausstürmt. Jugendliches Temperament und Tatendrang sind natürlich auch bei Bernern zu finden.

Berner Sennenhunde in ihrem Element, denn Schnee und Sonne ist Berner-Wetter.

▸ Ansprüche

Haus und Garten sind ideale Haltungsbedingungen für Berner Sennenhunde. Jedoch nur in den Garten verbannt zu sein, ohne freien Zugang ins Haus und in die Nähe seiner Menschen, bedeutet für Berner schwer erträgliche Isolation. Seinen Ansprüchen nicht gerecht wird auch eine reine Wohnungshaltung. Ein Berner braucht Platz, um sich frei bewegen zu können, ohne den Kontakt zu seinen Menschen zu verlieren.

Auch täglich über viele Stunden alleingelassen zu werden, weil seine Menschen voll berufstätig sind, ist für Berner schwer zu ertragen. Ein Berner Sennenhund leidet schnell unter Vereinsamung, was sich auch auf sein Wesen und seinen Charakter auswirken kann.

Sozial- und umweltverträgliche Hunde wie Berner Sennenhunde nehmen am täglichen Leben ihrer Besitzer teil. Von der täglichen Autofahrt zum Einkaufen bis zum Treffen mit Freunden – ein Berner ist überall ein angenehmer Begleiter. Aber die Disziplin und Folgsamkeit, die bei allen Unternehmungen gefordert werden, sind das Ergebnis konsequenter und liebevoller Erziehung vom Welpenalter an. Diese Zeit für Ausbildung, Pflege und Zuwendung müssen wir unseren Hunden geben können. Dann werden sie auch die hervorragenden Eigenschaften ihres Wesens zeigen. Ein wesensfester, umgänglicher Berner ist nicht ein Produkt des Zufalles, sondern das Spiegelbild des Umgangs seiner Menschen mit ihm.

Hat man sich für einen Berner als Familienmitglied entschieden, trägt man ein ganzes Hundeleben lang Verantwortung für sein Wohlergehen. Besitzerwechsel erträgt ein Berner Sennenhund äußerst schwer. Macht eine Notsituation es unumgänglich, daß ein

Berner in eine neue Familie eingegliedert werden muß, ist einfühlsame, liebevolle Geduld unerläßlich.

Albert Schweitzer meinte einmal: »Ethisch ist der Mensch nur, wenn er Leben schützt, auch das Leben von Tieren.« Der Kauf eines Berners verpflichtet Sie dazu.

Paßt ein Berner zu mir?

- [ ] Sind Sie bereit, die nächsten 10 bis 12 Jahre Verantwortung für ein Lebewesen zu übernehmen?
- [ ] Sind alle Familienmitglieder mit der Anschaffung des Hundes einverstanden und ist niemand gegen Hundehaare allergisch?
- [ ] Haben Sie genug Zeit, einen Welpen eventuell auch rund um die Uhr zu betreuen?
- [ ] Haben Sie auch in Zukunft Zeit, sich täglich mindestens 2 Stunden Ihrem Hund zu widmen?
- [ ] Wer versorgt den Hund, wenn Sie einmal krank werden sollten oder verreisen wollen?
- [ ] Können Sie problemlos Ihre Urlaubsgewohnheiten auf das Tier einstellen?
- [ ] Werden Sie auch einmal auf Ihren Schlaf verzichten können, wenn Ihr Hund krank ist?
- [ ] Sind Sie bereit, bei wirklich jedem Wetter täglich mindestens eine Stunde zu laufen?
- [ ] Hunde machen Dreck und finden ihn auch noch schön. Sind Sie und Ihre Wohnung darauf eingestellt?
- [ ] Berner Sennenhunde sind für Zwingerhaltung völlig ungeeignet! Können Sie wirklich für die nächsten Jahre Ihr Leben mit einem Hund teilen?
- [ ] Können Sie die anfallenden, manchmal nicht unerheblichen finanziellen Belastungen tragen?

Nur wenn Sie alle Fragen mit »ja« beantworten können, sollten Sie sich für einen Berner entscheiden.

Ein Berner zieht ein

Ein Berner zieht ein

Wo kaufen?

Ein Familienmitglied, das für viele Jahre sein Leben mit Ihnen teilen wird und an das vielfältige Anforderungen unserer Umwelt gestellt werden, sollte vom ersten Tag seines Lebens an alle menschliche Fürsorge erfahren haben, die möglich ist.

Es ist daher Ihr gutes Recht, hohe Ansprüche an einen Züchter zu stellen. Engagierte Züchter im Verband für das Deutsche Hundewesen e. V. (VDH), die sich dessen strenge Bestimmungen »auf die Fahne geschrieben« haben, bemühen sich darum. Der Schweizer Sennenhund-Verein für Deutschland e. V. (SSV), der sich nach den Regeln des VDH richtet, ist ein kompetenter Partner für die Zucht und Aufzucht eines Berners. Strenge Zuchtbestimmungen gewährleisten in hohem Maße, daß ein wesensfester und gesunder Welpe bei Ihnen Einzug halten kann.

Natürlich ist ein Lebewesen nie mit einem Garantieschein zu erwerben. Aber soweit möglich, wird ein verantwortungsvoller Züchter im SSV alles tun, um Ihnen einen gesunden Welpen übergeben zu können. Vergleichbar sind auch die Zuchtbestimmungen in der Schweiz (KBS), dem Mutterland der Rasse. In Österreich steht der ÖSSV für die Einhaltung der Bestimmungen. Die Welpenvermittlungen der Vereine

Der neue Lieblingsplatz ist schon entdeckt!

Ein guter Züchter

- Er wird Ihre Lebensumstände erforschen.
- Er will etwas über Ihre Familienverhältnisse wissen.
- Er fragt, wie ein Welpe aus seiner Zucht in Zukunft gehalten wird.
- Er wird Sie bei allen Fragen beraten können.
- Er wird ab ca. der vierten Woche Kontakt mit den Welpen erlauben.
- Er wird Ihnen die Mutterhündin zeigen.
- Er kann Auskunft über das Vatertier geben.
- Er zeigt Ihnen die Aufzuchtstätte.
- Er gibt Ihnen Einsicht in die Papiere zur Wurfabnahme.
- Die Aufzuchtstätte ist sauber und macht einen ordentlichen Eindruck.
- Die Futterschüsseln sind sauber gespült.
- Wasser steht zur Verfügung und ist sauber und frisch.
- Das Verhalten der Hunde ist offen und frei, im Beisein des Züchters auch Fremden gegenüber.
- Alle Tiere haben einen guten sozialen Kontakt und leben überwiegend in der Familie.
- Den Welpen steht Spielzeug zur Verfügung, das ihrem Alter angepaßt ist.
- Die Welpen werden schon jetzt mit verschiedenen Umweltgeräuschen vertraut gemacht.
- Eine Waage steht zur Verfügung, damit die kleinen Hunde, anfangs täglich, gewogen werden können.
- Ein guter Züchter sagt auch mal »nein«, wenn er nicht absolut sicher ist, den richtigen Käufer für seine Welpen gefunden zu haben.

helfen Ihnen gerne dabei, den richtigen Züchter zu finden.

Wundern Sie sich nicht, wenn der Züchter Ihnen bei Ihren ersten Besuchen viele Fragen stellt. Ein guter Züchter möchte, bevor er seine Welpen an die neuen Besitzer abgibt, auch deren Familienverhältnisse und Lebensumstände kennenlernen. Genauso werden Sie bei ihm für alle Fragen und Probleme ein offenes Ohr erwarten können. Denn für einen guten Züchter, der seine Hunde liebt, die Rasse schätzt und verbessern möchte – nicht nur vermehren –, sind die neuen Lebensumstände seines »Schützlings« auch nach dem Abgabetermin von Bedeutung.

Genauso werden Ihre Besuche bei den kleinen Welpen zur Kontaktaufnahme immer willkommen sein. Einerseits fördert dies die Sozialisierung zum Menschen allgemein, andererseits kann sich Ihr kleiner Familienzuwachs schon ganz gut an Sie gewöhnen. Der Kontakt mit den kleinen Hundewelpen kann jedoch wegen der großen Ansteckungsgefahr für die nicht geimpften Welpen erst ab der 4. Woche erlaubt werden.

Alle Fragen nach den Hundeeltern wird Ihr Züchter Ihnen beantworten können, da er detaillierte Kenntnisse auch über den Zuchtrüden hat. Auf Wunsch gibt er Ihnen auch Einsicht in die Zwingerpapiere.

TIP

Der Züchter ist für alle Fragen um unsere Berner ein kompetenter Ansprechpartner. Verantwortungsvolle Zucht heißt, Sorge zu tragen, zusammen mit den Welpenkäufern, ein Hundeleben lang.

Auswahl des Welpen

Der unauffälligste Welpe wird später auch meist der unproblematischste Hund. Kleine Draufgänger könnten später vielleicht Dominanzprobleme haben. Ängstliche Welpen entwickeln sich oft zu wesensschwachen Hunden. Beobachten Sie in vielen Situationen und über längere Zeit das Verhalten der Kleinen.

Sind Sie selbst unsicher bei der Wahl Ihres Welpen, wird Ihnen der Züchter bei der Entscheidung helfen. Nur der Züchter erkennt in Ansätzen das Temperament der kleinen Vierbeiner. Durch tägliche Fürsorge und Beobachtung kann er beurteilen, welcher der Kleinen am besten zu Ihnen paßt.

Ein gesunder Welpe

- Sein Verhalten ist freundlich, neugierig und aufgeschlossen.
- Er ist spielfreudig und kommt auch auf fremde Personen zu.
- Er ist gut genährt und hat ein rundes Bäuchlein.
- Nase und alle Körperöffnungen sind sauber und frei von Schleim und Sekreten.

Rüde oder Hündin?

Das ist generell eine Frage Ihrer persönlichen Einstellung. Meist sagt man der Hündin nach, etwas leichter führbar zu sein. Rüden erfordern eine etwas konsequentere Erziehung. Hündinnen wird Anschmiegsamkeit nachgesagt, Rüden gelten als imposanter

So ein großer Freund gibt Sicherheit und Geborgenheit.

(sie werden bis zu 70 cm groß und bis zu 60 kg schwer).

Das mag richtig sein, jedoch bestätigen, wie bei allen Dingen, Ausnahmen die Regel. In unserer Familie leben eine sehr dickköpfige Hündin, daher besonders geliebt, weil sie »Persönlichkeit« zeigt, und ein anschmiegsamer, liebevoller Rüde. Lassen Sie Ihr Herz sprechen!

Bedenken Sie: Die Hündin wird zweimal jährlich heiß (läufig) und bedarf besonderer Aufsicht und Fürsorge. Wohnen bereits viele Hündinnen in Ihrer Gegend, wird es ein Rüde schwer haben: Er kann unter der ständigen sexuellen Stimulierung leiden.

Der Kauf

Haben Sie sich für einen Welpen entschieden, wird der Kauf per Kaufvertrag besiegelt.

Festgehalten werden der Name des Hundes, Zuchtbuch-Nummer, Tätowierungs-Nummer und der vereinbarte Preis. Der Züchter wird sich evtl. ein Rückkaufsrecht in Höhe des Welpenpreises vorbehalten – für den Fall, daß Sie den Hund aus irgendeinem Grund nicht behalten können.

Einen Impfpaß mit den ersten Impfungen, die der Züchter veranlaßt hat, wird er Ihnen beim Kauf übergeben. Zur Identifikation ist die Tätonummer Ihres Hundes darin vermerkt. Auch ist ersichtlich, wann die Auffrischungsimpfung fällig ist.

TIP

Vor der Wurfabnahme beim Züchter erfolgte die Grundimmunisierung Ihres Welpen (SHLP). Vergessen Sie nicht das Nachimpfen in der 12. Woche. Gleichzeitig kann bereits die Tollwutimpfung erfolgen.

VDH Mitglied im Verband für das Deutsche Hundewesen e.V.

Mitglied der Fédération Cynologique International FCI

Pedigree Ahnentafel Pédigrée

des

SSV SCHWEIZER SENNENHUND-VEREIN FÜR DEUTSCHLAND e.V.

SSV, SITZ MÜNCHEN, GEGR. 1923 IM VDH

Muster

Muster

Berner Sennenhund

Name des Hundes: Lexa von der Alten Allee

Geschlecht: Hündin SSV-ZB-nr.: SSV-BS 22147 Täto.-Nr.: 8719

Wurftag: 27. April 1990 Farben, Abzeichen und Haarart: Dreifarbig, Langhaar

Züchter: Name und Anschrift des Züchters

Vater	(I)	Jerry vom Rosiendlithal, SHSB 406043, HD 0/0, WS, Int. Ch., CH-Sg.
Großeltern	(II)	Beny v. Nesselacker, SHSB 354182, HD 0/0
	(II)	Berna v. Rosiendlithal, SHSB 304737, HD 0/0
Urgroßeltern	(III)	Pius v. Forst, SHSB 242795, HD 0/0
	(III)	Odette v. Nesselacker, SHSB 267777, HD 1/0
	(III)	Ferry v. d. Schmiedshub, SHSB 282284, HD 0/0
	(III)	Diana v. Bärnermutz, SHSB 263464, HD1/1
Mutter	(I)	Ilexa von der Alten Allee, SSZ/BS 18923, HD-L
Großeltern	(II)	Kuno v. Schöneggschwand, SHSB 385733, HD 0/0
	(II)	Esmeralda v. d. Alten Allee, SSZ/BS 14015, HD-V
Urgroßeltern	(III)	Kai von Tonisbach, SHSB 319709, HD 0/0
	(III)	Iren von Schöneggschwand, SHSB 360934, HD 0/0
	(III)	Cyrus von den Dilleten, SHSB 326625, SchH III, HD 0/0
	(III)	Esta vom Hofacher, SSZ/BS 12141, HD-frei

Wurfstärke R 3/3 H

Eingetragen 3/3

Ammenaufzucht 0/0

Zuchtbuchamt

Siegel u. Unterschrift

Wermelskirchen: Datum

Wurfabn.: Name d. Zuchtwartes

Diese Unterschrift des Züchters bestätigt die Richtigkeit der Angaben

Besitzer

Vorname Name

Straße

PLZ Ort

Ahnentafeln gelten als Urkunden im juristischen Sinne; wer Ahnentafeln fälscht oder mit solchen Mißbrauch treibt, wird strafrechtlich verfolgt. Bei Verkauf des Hundes ist die Ahnentafel dem neuen Besitzer unter Eintragung des Besitzwechsels auszuhändigen.

Die Ahnentafel hat nur Gültigkeit, wenn sie vom Züchter eigenhändig unterschrieben oder vom Zuchtbuchführer als Abschrift bezeichnet ist.

Beim Ableben des Hundes ist seine Ahnentafel und Angabe der Todesursache und des Todestages unaufgefordert an die Zuchtbuchstelle des SSV einzusenden.

DIE AHNENTAFEL ▸ Nach Erstellung der Ahnentafel durch die Zuchtbuchstelle wird Ihnen diese vom Züchter umgehend ausgehändigt. Sie enthält die Abstammung Ihres Hundes bis zu seinen Urgroßeltern. Alle wichtigen Daten werden in Zukunft in die Ahnentafel eingetragen.

Die Abbildung zeigt die Ahnentafel des Schweizer Sennenhund-Vereins für Deutschland e. V. Die Ahnentafel ist ein Auszug aus dem Zuchtbuch. In der Mitte sehen Sie das Vereinsemblem des SSV, rechts davon das Logo der FCI, auf der linken Seite ist das Zeichen des VDH abgebildet. Es zeigt die Zugehörigkeit des Vereins. Achten Sie bei anderen Ahnentafeln auf jeden Fall auf diese Zeichen. Alle im VDH anerkannten Vereine unterliegen besonders strengen Zuchtbestimmungen: Der VDH ist ein Garant für kontrollierte Zucht. Deshalb ist auf dieses Zeichen besonderer Wert zu legen. Die Ahnentafeln der Schweiz zeigen das Zeichen der SKG und der FCI. Für Österreich gilt die Abkürzung ÖSSV und FCI.

Weiterhin ist die Rasse vermerkt, in unserem Fall »Berner Sennenhund«. Es folgt der Vor- und Zwinger(Zu)name des Hundes, das Geschlecht, die Zuchtbuchnummer sowie die Tätonummer – die Erkennungsmerkmale Ihres Hundes werden so festgehalten. Bei der Wurfabnahme wird der Hund durch den Zuchtwart im rechten Ohr mit der Tätonummer gekennzeichnet. Sie ist sozusagen sein Personalausweis. Wurftag und Rassekennzeichen (beim Berner »dreifarbig, Langhaar«) folgen auf der Urkunde, danach die Adresse des eingetragenen Züchters. Der Ahnennachweis bis zur dritten Generation wird in Folge festgehalten. ED-, HD-Grad, Leistungskennzeichen mit abgelegten Prüfungen und evtl. Schönheitstitel sind bei den einzelnen Namen vermerkt.

Die Zuchtbuchstelle trägt weitere wichtige Daten wie Wurfstärke, Wurfabnahme mit Datum usw. ein. Durch die Unterschriften und das Siegel der Zuchtbuchstelle werden die Eintragungen beurkundet.

Auf der Rückseite werden Ausstellungsergebnisse, das evtl. Kördatum, die Würfe der Hündin und Ausbildungskennzeichen eingetragen.

Ahnentafel und Hund sind eine nicht trennbare Einheit. Die Ahnentafel bleibt Eigentum des Vereines. Sie verbleibt im Besitz des Hundehalters, nach dem Tod des Hundes sollte sie mit Angabe der Todesursache an die Zuchtbuchstelle zurückgegeben werden.

▸ Unterhaltskosten

Ein Berner Sennenhund bringt nicht nur Freude ins Haus, er kostet auch Geld. Damit ist nicht nur der Kaufpreis gemeint, sondern der tägliche Unterhalt. Um einen ungefähren Überblick über die jährlichen Ausgaben zu haben, muß man folgende feste Posten bedenken: Die Hundesteuer bemißt sich von Stadt zu Stadt, von Gemeinde zu Gemeinde recht unterschiedlich. Manche Großstadt erhebt einen jährlichen Steuersatz von fast 300 DM. Wesentlich günstiger sind oft kleinere Gemeinden. Der jährliche Steuersatz ist hier oft mit 80 DM abgegolten. Es wird auch unterschieden, ob ein oder zwei Hunde in der Familie leben. Ein Schutz- oder Wachhund wird meist mit einem niedrigeren Steuersatz belegt als ein Zweithund, der dann als »Luxushund« eingestuft wird.

Ein weiterer Posten ist die jährliche Impfung. Im Interesse Ihres Hundes ist es wichtig, hier nicht nur die Tollwutimpfung zu verabreichen, sondern auch die 5-fach Impfung mit einzubeziehen. Damit Ihr Berner wirklich rundum geschützt ist, sind dafür 120 DM bis 150 DM zu veranschlagen. Die Prei-

Berner und Kinder: zwei, die sich gut verstehen.

se können von Tierarzt zu Tierarzt und von Stadt zu Stadt variieren. Ein nicht vorhersehbarer Kostenfaktor sind weitere Tierarztkosten, wenn einmal ein Notfall eintreten sollte. Einige hundert Mark kommen hier schnell zusammen. Flohschutzmittel, Zeckenhalsbänder, die mehrmaligen Wurmkuren und andere Pflegeutensilien müssen mitgerechnet werden.

Ganz wichtig ist eine Hundehaftpflichtversicherung. Die Prämien sind bei den unterschiedlichen Versicherungen sehr variabel. Erkundigen Sie sich bei mehreren Versicherungen nach den Beiträgen. Ein ungefährer Mittelwert liegt, je nach Höhe der Versicherungssumme, bei ca. 100 DM jährlich.

Etwaige Unterhaltskosten, wenn Sie einmal krank sind und Ihren Hund nicht selbst versorgen können, sollten bedacht werden. Genauso kostet der Urlaub einiges mehr, wenn Ihr Hund mit ins Hotel darf. Aber auch die Pflegekosten, wenn Sie ohne Berner verreisen, für Tierpension oder Hundesitter im Hause (viel schonender für Berner) fallen nicht unerheblich ins Gewicht.

Und dann ist da noch die Frage des Familienautos. Für die Familie würde vielleicht ein Kleinwagen ausreichen. Muß hin und wieder ein Berner mit im Auto fahren – bei Tierarztbesuchen ist dies fast unumgänglich –, dann sollte man an einen Kombi denken. Ein größerer Familienwagen verursacht dann auch höhere Kosten. Sie sehen also, es hat keinen Sinn, die Frage nach den Kosten nicht aufzugreifen. Ein Hund verursacht Ausgaben, die ins Budget eingeplant werden müssen.

Dazu kommen die regelmäßigen Ausgaben für Futter und Leckerchen sowie die Erstausstattung mit Näpfen, Liegebett, Halsband und Leine, Pflegeutensilien und Spielzeug.

Vorbereitungen zu Hause

Ab der 8. bis 10. Lebenswoche können Sie Ihren Welpen nach Hause holen, im einzelnen richtet sich der Termin nach dem Impfschutz des Welpen bzw. nach der Wurfabnahme durch den Zuchtwart.

In seiner neuen Heimat ist für den jungen Hund bereits alles vorbereitet für seinen Empfang.

Sie haben sich nach einem Tierarzt in Ihrer Nähe erkundigt? Seine Telefonnummer liegt für Notfälle bereit.

TIP

Denken Sie daran: einmal eingewöhnt, sind Welpen sehr unternehmungslustig. Sichern Sie Gefahrenstellen wie Treppen, Hausaufgänge und offene Türen. Zimmer- und Gartenpflanzen können giftig sein – Vorsicht! Stellen Sie Putzmittel oder Arzneimittel verschlossen weg. Kleine Gummitiere und Tennisbälle o. ä. können verschluckt werden. Machen Sie Ihre Umgebung welpensicher!

Die Erstausstattung

- [ ] Hundehalsband zum Weiterstellen (Sie werden staunen, wie schnell das nötig ist)
- [ ] Hundeleine, keine sogenannte Flexi-Leine (Erläuterung bei Erziehung, Seite 68)
- [ ] Futternapf (am besten ist für den frohwüchsigen Berner ein höhenverstellbarer Futterständer geeignet)
- [ ] Wassernapf
- [ ] gut waschbare Kuscheldecke für den Schlafplatz
- [ ] Kauknochen und Hundespielzeug
- [ ] Hundebürste
- [ ] Zeckenzange
- [ ] großes Stofftier zum Kuscheln

Die erste Autofahrt

Die erste Fahrt vom Züchter zu Ihnen nach Hause soll für Ihren kleinen Berner so angenehm wie möglich verlaufen. Schließlich soll er Sie ja auch auf allen zukünftigen Fahrten gerne begleiten. Eine Begleitperson übernimmt das Steuer des Wagens, so daß Sie sich ungestört um den Welpen kümmern können.

Fahren Sie im Sommer möglichst in den frühen Vormittagsstunden oder am frühen Abend. Bei einem klimatisierten Wagen spielt die Tageszeit keine Rolle.

Nehmen Sie eine Küchenrolle mit, falls der Kleine die erste Autofahrt nicht so gut verträgt und sich erbricht. Ein großes Handtuch, eine Thermoskanne mit frischem, kühlem Wasser und eine kleine Plastikschüssel zum Trinken sowie Halsband und Leine gehören ebenso ins Reisegepäck.

TIP

Vor der Fahrt sollte der Kleine nicht gefüttert werden. Sprechen Sie daher die genaue Abholzeit mit Ihrem Züchter ab.

Planen Sie Pausen auf dem Nachhauseweg ein. Nach einer Stunde Fahrzeit »muß« der Welpe sicher mal, schließlich war der Abschied sehr aufregend für ihn. Aber Vorsicht, er darf das Auto nicht ohne Leine verlassen. So gut kennt der kleine Hund Sie noch nicht, er könnte erschrecken und plötzlich weglaufen.

Ein Stofftier als Geschwisterersatz, das vorher schon im Welpenhaus sein Spielzeug war, tröstet ihn während der Fahrt und später zu Hause. Halten Sie Ihren Welpen während der Fahrt im Arm – wie gut, daß die Begleitperson das Steuer übernehmen kann. Liebevolle Kontakte in den ersten Stunden schaffen Vertrauen.

▸ Ankunft im neuen Heim

Zu Hause angekommen, muß Ihr Welpe sicher wieder ein dringendes Geschäft erledigen. Bringen Sie ihn sofort an die Stelle, die er auch in Zukunft als Hundetoilette benutzen darf. Loben Sie den Kleinen ordentlich, wenn es »geklappt« hat.

Gönnen Sie dem kleinen Berner genügend Zeit, seine neue Umwelt und sein neues Zuhause zu erkunden. Der Umgangston ist ruhig und freundlich. Bedenken Sie: alles ist neu und unbekannt für den Kleinen. Erschrecken Sie ihn nicht durch unnötig laute Geräusche. Sind Kinder im Hause, halten Sie sie in ihrer Freude über den neuen Hausgenossen etwas zurück. Der kleine Hund braucht Zeit, um alles kennenzulernen. Eine vollkommen neue Welt hat ihre Tore für ihn geöffnet.

Sicher wird er seine Geschwister und seine Mutter schmerzlich vermissen. Daher gehört er in den ersten Nächten auf jeden Fall in Ihre Nähe. Ideal ist es, wenn Sie sein Körbchen in der ersten Zeit neben Ihrem Bett plazieren. Der aus seiner gewohnten Umgebung herausgerissene Welpe würde, allein in ein Zimmer gesperrt, Ängste aufbauen, die ihn für die Zukunft prägen. Vielleicht jammert er in der ersten Nacht und sehnt sich nach seiner gewohnten Umgebung und nach seinen Spielgefährten. Trösten Sie ihn und geben Sie ihm sein Stofftier mit den heimatlichen Gerüchen zum Kuscheln. Der kleine Welpe wird Ihnen bald Vertrauen schenken, wenn er so liebevoll umsorgt wird.

Das Körbchen an Ihrem Bett hat auch den Vorteil, daß Sie sofort bemerken, wenn der Kleine unruhig wird und hinaus muß.

Futter für die ersten Mahlzeiten zu Hause haben Sie sicher noch vom Züchter mitbekommen. Sollte der Kleine noch nicht sofort fressen wollen, haben Sie Geduld. Nach kurzer Eingewöhnungszeit treibt ihn der Hunger sicher an den gefüllten Napf. Zeigen Sie ihm zwischendurch freundlich, wo er Futter und Wasser findet. Bieten Sie ihm seine erste Mahlzeit zu Hause ruhig im Napf aus der Hand an.

Das brauchen Sie am ersten Tag

- [ ] gewohntes Futter für die erste Zeit (gibt der Züchter mit)
- [ ] Welpen-Trockenfutter
- [ ] Kauknochen
- [ ] Spielzeug
- [ ] Zeit und Geduld

Stubenreinheit

Ihr Bestreben wird es sein, den kleinen Berner so schnell wie möglich stubenrein zu bekommen. Dazu ist es wichtig, seinen Verdauungsrhythmus zu kennen. Füttern Sie ihn daher immer zur gleichen Zeit.

Als Faustregel für die erste Zeit gelten die im Kasten aufgeführten Zeitpunkte.

Wenn Sie die Zeichen bemerken bzw. es Zeit für sein Geschäftchen ist, nehmen Sie den Kleinen hoch und tragen ihn zu der Stelle, die auch in Zukunft sein Hundeklo ist. Warten Sie geduldig, bis er sein Wässerchen oder sein größeres Geschäft erledigt hat. Dann loben Sie den Welpen überschwenglich. Er wird schnell lernen und Ihnen bald zeigen, wann es wieder soweit ist. Beobachten Sie Ihren Welpen genau: Manche Hunde zeigen mit aufgeregtem Kreisen und Schnüffeln an, daß sie hinausmüssen, andere sausen, da sie den Weg zur Türe schon kennen, eilig dorthin.

Welpen können auch noch nicht die ganze Nacht ihre Blase kontrollieren. Wenn der Kleine neben Ihrem Bett schlafen darf, bekommen Sie gleich mit, wenn er unruhig wird.

Für die erste Zeit ist es günstig, seinen Schlafplatz zu begrenzen, denn die Hundeetikette läßt es nicht zu, daß der Welpe sein Bett verunreinigt: Unsere

Ein Welpe muß immer

- nach dem Aufwachen
- nach dem Fressen
- nach dem Spielen
- sonst ca. alle 2 Stunden
- wenn er suchend umherläuft, sich im Kreis dreht, zur Tür läuft oder sich hinkauert

Endlich ist das richtige Eckchen für wichtige Geschäfte gefunden.

Hunde, von Natur aus reinlich, sind selbst darauf bedacht, das Nest sauberzuhalten.

Tragen Sie den Welpen nachts ohne Kommentar zum Hundeklo und ohne zu spielen wieder auf seinen Schlafplatz. Aber auch hierbei ist liebevolle Geduld wichtig.

Sollte einmal ein Malheur im Hause oder in der Wohnung passieren, schimpfen Sie nicht mit ihm. Das Schnäuzchen in die Bescherung zu stecken, ist für ein Nasentier wie unseren Hund nicht nur unverständlich, sondern eine Tierquälerei. Man wischt die Pfütze ohne Kommentar auf und reinigt mit Essigwasser nach. Zusehen sollte man den Kleinen jedoch nicht lassen.

▸ Rechtliches und Versicherungen

Neben aller sozialen und gesundheitlichen Vorsorge darf die rechtliche Absicherung nicht vergessen werden.

Als Hundebesitzer benötigen Sie eine Haftpflichtversicherung. Erkundigen Sie sich rechtzeitig danach – die Prämien können sehr unterschiedlich sein. Vom ersten Tag bei Ihnen zu Hause an sollte Ihr Hund versichert sein. Auch ein kleiner Hund kann schon großen Schaden anrichten: Ein unachtsamer Augenblick im Straßenverkehr kann Sie teuer zu stehen kommen, an Personenschäden ist da noch nicht mal gedacht.

Denken Sie daran, Ihren Berner bei der Gemeinde- oder Stadtverwaltung anzumelden. Dort bekommt der Hund eine Steuermarke – die Bürokratie verschont auch unsere Berner nicht.

▸ Welpenspieltage

Unseren Vierbeinern wird in der heutigen Zeit vom Menschen viel abverlangt. Vom Hund als sozialverträglichem Partner erwartet man, daß er an allen Unternehmungen seiner Besitzer mit Freude teilnimmt.

Genau in der Sozialisierungsphase seiner Entwicklung trennt man nun den Welpen – viel früher als von der Natur bestimmt – von seinem Rudel. Davon profitiert der Mensch, denn das Menschenrudel wird schnell als Ersatzrudel angenommen. In dieser Zeit ist es selbstverständlich, daß wir uns besonders intensiv um unseren Welpen kümmern. Als Ersatz für seine Geschwister bieten sich Welpenspieltage an.

Aus dem Angebot der Welpenspielgruppen das Richtige auszusuchen, ist nicht einfach. Sinnvolle Welpenspielgruppen bieten Hunden von der 8. bis maximal zur 16. Lebenswoche sinnvolle Beschäftigung. Das Hauptmerkmal der Welpenspieltage liegt im gemeinsamen Spiel von Welpen verschiedenster Rassen.

> **TIP**
>
> *Bevor Sie mit Ihrem Welpen Prägungsspieltage besuchen, muß er auf alle Fälle vollen Impfschutz haben.*

Es werden unterschiedliche Umweltreize eingesetzt: Ein Sandkasten mit Bällen, Autoreifen, Regenschirme und Schubkarren sind interessante Gegenstände. Pro Spieltag wird nur ein Teil als immer wieder neuer Reiz verwendet.

In minimalen Dosierungen wird spielerisch Erziehung (Sitz, Hier, Platz) mit eingebaut. Diese Übungen können die Hundebesitzer auch während der Woche durchführen.

TIP

Welpen sind beim Üben allerdings schnell überfordert. Am Anfang ist es ausreichend, täglich zu Hause dreimal zu üben, und zwar jeweils eine bis höchstens fünf Minuten. Beenden Sie Ihr spielerisches Üben immer mit einem positiven Erlebnis. Wenn die erste Übung zuverlässig ausgeführt wird, kann mit der nächsten Übung begonnen werden.

Lange Ruhepausen muß man einplanen. Während Ihr Welpe seinem Schlafbedürfnis nachkommt, haben Sie genügend Zeit, Ihre Kenntnisse über das Verhalten der Hunde zu erweitern. In der Gruppe können überdies wertvolle Erfahrungen ausgetauscht werden.

In diesen Wochen werden die Grundlagen für einen »problemlosen« Hund geschaffen. Das Wesen eines eher zurückhaltenden Welpen wird aufgebaut. Bei domininanten Welpen ist diese Zeit wesensausgleichend. Ihr Welpe lernt schnell, sich fremden Situationen anzupassen und kann sich im Alltag besser bewähren.

Welpenspielstunden dauern jeweils mindestens vier Stunden, je nach Teilnehmerzahl auch länger. Pro Trainer sollten nicht mehr als 10 Hunde betreut werden. Welpenspieltage fördern die Intelligenz Ihres Hundes, und intelligente Hunde fordern auch ihre Besitzer.

Prägen fürs Leben

Ab der 8. Woche befindet sich Ihr kleiner Berner in einer für sein weiteres Leben sehr entscheidenden Phase. Alles, was er in dieser Zeit als negativ kennenlernt, wird er nie mehr unbefangen bewältigen können. Führen Sie ihn daher an alle alltäglichen Dinge behutsam heran.

Auch die Verhaltensentwicklung und damit sein späteres Verhalten wird in dieser Zeit entscheidend beeinflußt. Jetzt werden die Grundsteine für sein soziales Verhalten und für seine Lernfreude gelegt.

Bringen Sie ihren Hund in möglichst viele Umweltsituationen. Er muß alles kennenlernen dürfen, ohne dabei überfordert zu werden. Alle an ihn gestellten Anforderungen wird er dann später viel leichter bewältigen.

In diesem Alter sind die kleinen Hunde auch sehr spielfreudig. Beim Züchter waren Mutter und Geschwister ideale Spielpartner – jetzt sind Sie gefordert! Im Spiel mit Ihnen lernt der kleine Welpe seine Grenzen kennen. Jedes richtige Verhalten loben Sie überschwenglich. Unerwünschte Aktionen beenden Sie sofort mit strengen Worten. Das genügt in solchen Fällen. So lernt der kleine Berner, zwischen falsch und richtig zu unterscheiden. Spielerisch werden die Grundlagen für eine spätere Ausbildung gelegt. Vielleicht erkennt man jetzt schon besondere Begabungen.

Der Welpe lernt dabei auch, sich in der Familie einzuordnen und sich unterzuordnen. Sein Verhalten wird in dieser Zeit immer kontrollierter. Seine Schlafzeiten verkürzen sich und er nimmt am täglichen Leben seiner Menschen aktiv teil.

TIP

Der Welpe sollte beim Schlafen nie gestört werden. Sie riskieren ansonsten, daß Sie einen nervösen, hektischen, unausgeglichenen Hund bekommen.

Platz und Abwechslung

Optimale Lebensbedingungen für unseren Berner Sennenhunde sind ein Haus mit Garten und freier Zugang zu seinen Menschen. Hier kann er nach Lust und Laune »sein« Revier bewachen, auch mal Löcher graben, Eichhörnchen jagen (er erwischt sie ja doch nicht), Vögel beobachten oder nur im Garten dösen und faulenzen.

Den täglichen Spaziergang ersetzt ein Garten jedoch nie. Er muß sein Reich auch verlassen können, nach anderen Zeitgenossen schnüffeln dürfen, Hundefreunde treffen und die Welt immer neu entdecken. Der tägliche Rundgang, auch in einer unbekannten Gegend, bedeutet für ihn dasselbe, wie für seine Menschen das tägliche Fernsehen, Nachrichten hören und Zeitung lesen. Es ist für ihn Information und Anregung zugleich.

Zum ganz Alltäglichen gehört auch mal eine Autofahrt zum Einkaufen in die Stadt, zum Tierarzt oder auch am Sonntag zu einem Ausflug ins Grüne. Das bringt Abwechslung in den Alltag.

TIP

Von der ersten Autofahrt an sollten Sie darauf achten, daß es für Ihren Hund ein positives Erlebnis ist. Jede weitere Autofahrt wird dann ganz streßfrei und selbstverständlich. Unsere drei Berner springen mit Begeisterung in ihren Kombi, wenn sie ihre »Chefs« begleiten dürfen – und sei es nur zum Brötchenholen am Samstag mit dem Herrn des Hauses. Vielleicht gibt es ja auch noch ein Brötchen extra. Berner genießen es im Normalfall, mit dem Menschen zusammen den begrenzten Raum im Auto zu teilen.

Tägliche Bewegung

Hier gibt es je nach Eigenart und Charakter Unterschiede. Sie werden bald feststellen, ob der tägliche Spaziergang ausreicht. Unsere Hündin ist mit einer guten Stunde täglich und einem kleinen Abendspaziergang zufrieden, wobei sie ihren Spaß in ausgiebigem Schnüffeln findet. Unser Rüde fordert hier schon einiges mehr an Zeit. Er verschafft sich auch wesentlich mehr an Bewegung, indem er bei unseren täglichen Wanderungen auch einfach mal, wo es möglich ist, über Wiesen saust und an Feldwegen entlanggaloppiert. Er hat Freude und Lust an der Bewegung.

Wie herrlich dann, wenn es im Winter mal Schnee gegeben hat. Dann kennen der Spaß und die Freude am Tollen keine Grenzen.

Denken Sie daran, den Welpen und Junghund nicht zu überfordern und noch keine Treppen steigen zu lassen. Er soll alles kennenlernen, aber sein Bewegungsapparat darf nicht überlastet werden.

Rücksicht nehmen

Jeder Hundebesitzer liebt sein Tier. Sie können dies aber nicht unbedingt auch von Ihren Mitmenschen erwarten. Manche Angewohnheiten unserer Hunde sind für unsere Nachbarn durchaus störend. Im täglichen Miteinander ist daher für ein friedliches Zusammenleben von beiden Seiten gegenseitige Rücksicht erforderlich.

Ein Berner ist ein Spiegelbild seiner Erziehung. Es muß nicht sein, daß er sein »Geschäft« vor Nachbars Tür erledigt. Es liegt an Ihnen, Ihren Hund rechtzeitig Gassi zu führen, und zwar abseits von Wohngebieten, wo niemand gestört wird. Ihr Hund fühlt sich auch viel wohler dabei, wenn er sich unbeobachtet fühlt. Denken Sie auch daran, bei Spaziergängen im Dorf oder in der Stadt eine Plastiktüte zum Entsorgen von etwaigen »Hinterlassenschaften« einzustecken. Niemand tritt gerne in Hundehaufen.

Ein Kinderspielplatz ist Kindern vorbehalten, ein Hund hat dort nichts zu suchen!

Ein Berner ist von Natur aus kein »Beller«. Es liegt an Ihnen, ihn so zu erziehen, daß er Ihre Nachbarn nicht schon morgens um 6.00 Uhr aus dem Schlaf reißt. Die Mittagsruhe zwischen 12.00 und 14.00 Uhr ist in fast allen Gemeinden eine festgelegte Ruhezeit. Denken Sie daran, Ihren Berner zu dieser Zeit vielleicht ins Haus zu holen, wenn ältere Nachbarn auf ein ungestörtes Mittagsschläfchen Wert legen.

Meist ist es unbedachtes oder rücksichtsloses Verhalten, das Streitereien herausfordert, die dann auf dem Rücken unserer Hunde ausgetragen werden. Es erfordert nur etwas Zeit und Konsequenz in der Erziehung, aber ein gutes nachbarschaftliches Verhältnis sollte Ihnen dies wert sein. Man kann dann auch selbst einmal Verständnis erwarten, wenn man bereit ist, rücksichtsvoll zu handeln.

Denken Sie auch daran, Ihren Vierbeiner an Ihre Seite zu rufen, wenn Sie auf Ihren Hundespaziergängen Kleinkindern oder älteren Menschen begegnen. Eventuell muß er auch angeleint werden.

Jogger lieben es ganz und gar nicht, wenn ein Hund in seinem Übermut sie geradezu verfolgt. Es nützt in diesen Fällen sicher nichts, wenn Sie versichern, daß Ihr Berner nur Spaß und Spiel im Sinn hat. Nicht jeder hat ein unbefangenes Verhältnis zu Hunden!

Sehr viel Hundefeindlichkeit wurde durch Gedankenlosigkeit geschaffen. Und das ist ganz sicher nicht die Schuld der Hunde, aber sie müssen es ausbaden.

▸ Die Rangordnung

Partnerschaft zwischen Mensch und Hund bedeutet, daß der Mensch die Führungsposition übernimmt. In der

Das Allerwichtigste für einen Berner ist seine Familie.

Natur hat im Rudelverband das Leittier oder auch Alphatier das Kommando. Nach dessen Richtlinien handelt das gesamte Rudel. Es ist Anführer bei der Beschaffung von Nahrung und gibt Schutz und Geborgenheit.

Ihr Hund erwartet diese Rolle von Ihnen. Ansonsten wird er notgedrungen versuchen, diese Aufgabe selbst zu übernehmen. Durch richtige Erziehung sind die Weichen bereits gestellt. Aber auch im täglichen Zusammenleben zeigt man dem Hund, wer das Sagen hat: Der Mensch betritt immer zuerst einen Raum, dann der Hund. Wenn sich die Familie zum gemeinsamen Essen trifft, bekommt ein nach Dominanz strebendes Tier sein Futter erst danach. Der Hund darf bei der täglichen Essensrunde gerne dabeisein, aber er liegt unter dem Tisch oder in gebührlichem Abstand daneben. Der Hund springt erst aus dem Auto, wenn es ihm erlaubt wird.

Ihr Berner soll immer spüren, daß er dazugehört. Er muß aber auch wissen, daß er in diesem Sozialgefüge immer das letzte Glied der Kette ist. Alles andere wird ihm und Ihnen nicht gerecht.

TIP

Für die Rangordnung ist es auch wichtig, daß einmal gegebene Befehle auch ausgeführt werden. Lieber einmal auf eine Anordnung verzichten, wenn vorher schon ersichtlich ist, daß sie womöglich nicht ausgeführt wird. Das kann beispielsweise sein, wenn Ihr Hund ausgiebig schnüffelt. Damit ist er meist so beschäftigt, daß er einen Befehl gar nicht aufnehmen kann. Hier also lieber auf ein Kommando verzichten, als Ungehorsam zu riskieren.

Hunde und Kinder

Wenn ein junger Mensch einmal Freundschaft mit einem Berner schließen durfte, wird ihn diese Verbindung sein Leben lang begleiten. Die

Unter Lexas Schutz ist Sven gut bewacht!

dazugehörige Verbundenheit mit der Natur, die soziale Fürsorge für ein anderes Lebewesen sind Grundpfeiler fürs Leben.

Jedoch kann ein Kind dieser Aufgabe nie allein gewachsen sein. Es braucht dazu die volle Unterstützung seiner Eltern, denn die Hundeerziehung gehört in die Hände eines Erwachsenen. Kinder unter 14 Jahren werden vom Hund nicht ernstgenommen, da es an der nötigen Konsequenz fehlt. Diese ist aber dringend erforderlich. Kinder und Hunde sind Spielgefährten und Kameraden. Erzieherische Maßnahmen aus Kindermund schaden dieser Beziehung nur. Ein Spielzeug darf der Hund für ein Kind nie sein!

Gefährlich kann es auch werden, Kinder und Hunde alleine zum Gassigehen zu schicken. Ein anderer, nicht so friedlich gestimmter Hund kann schon der Auslöser sein, daß der Berner unvorhergesehen reagiert oder auf die Straße zerrt. Kinder sind in solchen Situationen total überfordert.

Und noch ein Hinweis: Kleinkinder und junge Hunde gehören immer und zu jeder Zeit beaufsichtigt. Wer einmal beobachtet hat, wie rauh und wild Welpen miteinander spielen, obwohl doch alles ganz liebevoll und friedlich gemeint ist, der wird diese Warnung verstehen. Kleinkinder und junge Hunde alleine zu lassen, ist sträflicher Leichtsinn.

▸ Andere Haustiere

Als ursprünglicher Bauernhund ist der Berner mit anderen Haustieren generell gut verträglich. Die Bauern im Schweizer Oberland konnten Hunde, die ihre Hühner jagten oder die anderen Tiere nicht tolerierten, in ihrer Umgebung nicht dulden. Diese Eigenschaft ist den Berner Sennenhunden in ihren Erbanlagen erhalten geblieben.

Ein sieben Jahre alter, typvoller Rüde, hier nach einer Wanderung von 20 km

Nicht selten sind ein Berner und die Hauskatze ein unzertrennliches Paar. Von Anfang an mit Einfühlungsvermögen und Vorsicht aneinander gewöhnt, gibt es selten Probleme. Hervorragend gelingt es, wenn beide als Jungtiere ins Haus kommen. Ist schon eine Katze im Haus, ist es nötig, eher auf die Katze zu achten, damit der kleine Welpe nicht unnötigen Attacken ausgeliefert ist.

Bei Kaninchen, Hamstern, Mäusen oder Meerschweinchen ist Vorsicht angebracht, weil sie ursprünglich für den Hund Beutetiere sind. Hat der Berner gelernt, daß diese Tiere zum Rudel gehören, wird er sie tolerieren. Alleine würde ich die Hausgenossen aber nicht miteinander lassen.

Mit Vögeln geht das Zusammenleben aus eigener Erfahrung sehr gut. Unser Nymphensittich ist oft auf dem Rücken unserer Bernerin herumspaziert. Gefährlich werden hier nur geöffnete Türen für den Vogel.

Gesunde Ernährung

Gesunde Ernährung

Berner Sennenhunde gelten als besonders gute Futterverwerter. Dies ist noch ein Erbgut aus ihrer früheren Zeit als Schweizer Bauernhunde, in der nur karges Futter zur Verfügung stand. Daher sollte ihre Ernährung qualitativ sehr hochwertig sein, mengenmäßig füttert man aber eher zurückhaltend. Ihr Berner sollte immer der Meinung sein, daß es noch etwas mehr sein dürfte; damit ist aber keineswegs ein »großes« Hungern gemeint.

In den ersten Wochen richten Sie sich bitte genau nach den Fütterungsangaben Ihres Züchters. Meist füttert man dem kleinen Welpen vier Mahlzeiten pro Tag. Ab der 12. Lebenswoche kann dann die Portion leicht erhöht werden und wird auf drei Mahlzeiten am Tag verteilt. Beim erwachsenen Berner verteilt man seine Ration auf zwei Mahlzeiten. Das ist für unsere Hunde gesünder als eine große Mahlzeit und besonders bei älteren Tieren besser verträglich.

Wie oft füttern?

Alter	*Anzahl Mahlzeiten*
bis ca. 12 Wochen	4 pro Tag
bis ca. 6 Monate	3 pro Tag
ab 6 Monaten	2 pro Tag

Jede plötzliche Ernährungsumstellung bei Ihrem Welpen kann zu schweren Verdauungsproblemen führen. Eine Futterumstellung muß daher schrittweise vorgenommen werden. Geben Sie zum gewohnten Futter, das dann etwas reduziert wird, eine kleine Menge des neuen Futters dazu. Dann schrittweise bei jeder Mahlzeit die neuen Futtergaben erhöhen!

TIP

Vermeiden Sie in der ersten Zeit bei Ihrem Welpen jede plötzliche Futterumstellung!

▸ Fertigfutter

In der Regel bieten wir unseren Bernern eine möglichst abwechslungsreiche Kost. Wer mag schon immer gerne das Gleiche essen? Außerdem verhindert man damit eine Prägung auf eine bestimmte Futtersorte, die womöglich irgendwann einmal nicht mehr erhältlich ist oder im Urlaub nicht zur Verfügung steht.

Eine gute Hilfe bietet Ihnen hier die Futtermittelindustrie, die auf wissenschaftlich neuestem Stand hochwertiges Fertigfutter anbietet. Auf den Packungen ist jeweils die Futterzusammensetzung mit Nährwertanalysen angegeben. Bitte beachten Sie auch die Fütterungshinweise. In der ersten Zeit verwenden Sie bitte Spezialfutter für Welpen bzw. dem Alter entsprechend für Junghunde.

Die Futtermittelhersteller sind auf die verschiedensten Bedürfnisse eingestellt und bieten ein breitgefächertes Angebot für alle Anforderungen. Vom Welpen zum Junghund bis ins Erwachsenenalter wird der Energiebedarf für alle Altersgruppen abgedeckt. Auch für Arbeitshunde, tragende Hündinnen oder den alten Hund ist mit speziellen Ernährungsprogrammen jeweils die richtige Energie- und Nährstoffversorgung sichergestellt.

Darüber hinaus gibt es spezielle Diätfuttermittel, die bei speziellen gesundheitlichen Problemen wie Allergien, Nierenerkrankungen oder Magen- und Darmproblemen benötigt werden. Sie dürfen nur gemäß den Ratschlägen eines Tierarztes verwendet werden.

Das Angebot der Futtermittelindustrie hält also für alle Lebenslagen und Probleme die richtigen Hundemenüs bereit. Achten Sie darauf, daß Sie hin und wieder je nach Akzeptanz und Verträglichkeit das Futter wechseln. Aber immer sollte wegen der Ausgewogenheit in der Zusammenstellung das komplette Programm ausgetauscht werden.

▸ Junghund-Ernährung

Die Ernährung des wachsenden Hundes unterscheidet sich hinsichtlich des Nährstoffbedarfs sehr von der Ernährung des ausgewachsenen Hundes.

Auch auf den richtigen Freßnapf kommt es an!

Wachsende Hunde müssen alle Nährstoffe in der richtigen Menge und Zusammensetzung angeboten bekommen. Der wachsende Hund hat einen höheren Nährstoffbedarf als das erwachsene Tier. Das Wachstum darf auch durch Überfütterung nicht zu schnell verlaufen. Muskeln, Sehnen, Knochen und alle inneren Organe müssen mit dem Größenwachstum im Gleichklang sein. Desgleichen wäre ein Zuviel von wachstumswichtigen Mineralien wie Kalzium und Phosphor fatal. Wachstumsstörungen des Skelettes wären die Folge.

Wichtige Bestandteile eines hochwertigen Fertigfutters sind Eiweiß (Rohprotein) sowie Kalzium und Phosphor, im richtigen Verhältnis zueinander.

TIP

Achten Sie bei Fertigfuttermitteln auf das aufgedruckte Haltbarkeitsdatum. Wichtige Vitamine könnten sonst bereits verlorengegangen sein.

Seine Art, Zähne zu putzen!

Ergänzungsfutter

Um das Futter möglichst abwechslungsreich zu gestalten, können wir mit Quark, Joghurt, Hüttenkäse, Pansen, Fleisch und Innereien sowie hin und wieder einem Eigelb den Speiseplan variieren. Da diese Nahrungsmittel hochwertige Eiweißträger sind, müssen sie anstelle des Fertigfutters gegeben werden. Eine reine Flockenmischung ohne Fleischzusätze ist dann das richtige Zufutter. Keinesfalls sollte man dazu Vollfutter geben.

TIP

Ein Zuviel an Mineralien und Vitaminen ist genauso schädlich wie ein Zuwenig. Alle zwischendurch gefütterten Leckerlis, Kauknochen und Hundesnacks sollten daher ohne zugesetzte Vitamine sein.

Fütterungsbeispiel für Welpen in der 12. bis 16. Woche

Morgens	*Mittags*	*Abends*
2 große Eßlöffel Quark, verrührt mit 1 Tasse Milch, 1 Teelöffel Honig, 1 Teelöffel geriebene Karotten, 1 Eigelb, 1 große Tasse feine Getreideflocken	200 g Fleisch oder gekochtes Hühnerfleisch, fein geschnitten, 1 Tasse Brühe oder Wasser, 1 Eßlöffel Distelöl, 1 Prise Salz, eine große Tasse Hundeflocken; dazu ein Mineralstoffpräparat mit einem Kalzium-Phosphor-Verhältnis von 1,2 – 1,5 : 1	Welpenfertigfutter oder eine Juniormahlzeit aus der Dose (Vollnahrung)

Die Futtermenge

Viele Fertigfutterhersteller bieten hochwertiges Futter für alle Altersgruppen und die dazugehörenden Fütterungsanleitungen an, die eine gute Orientierung bieten. Die Größe, Kondition und das Gewicht Ihres Berners sind aber letztlich entscheidend für die Futtermenge und die Zusammensetzung. In allen Zweifelsfällen unterhalten Sie sich mit Ihrem Tierarzt über die Zusammenstellung des Futterplanes.

TIP

Ein junger Berner im Wachstum sollte immer schlank und bewegungsfreudig sein. Überfütterung verhindert dies.

Die Vorschläge sind als Anregung gedacht und müssen auf Ihren Futterplan abgestimmt sein. Wenn Sie Ihrem Welpen ausschließlich frisches Fleisch und Futter aus eigener Herstellung bieten wollen, sind fundierte Kenntnisse in der Zusammenstellung dieses Futters wichtig. Außerdem ist in diesem Fall auch das Zufüttern der richtigen Menge an Kalzium unumgänglich.

Hin und wieder ein Stück Kalbsknochen zum Abnagen des Knorpels ist erlaubt. Doch Vorsicht, zuviel davon kann zu Verstopfung führen. Kleingeschnittener Salat, Äpfel, Möhren etc. sind nicht nur für Zweibeiner gesund. Auch Hunde mögen diese Dinge gerne, sofern sie daran gewöhnt sind. Möhren müssen immer in Verbindung mit kaltgepreßtem Öl gegeben werden, da sonst das Vitamin A nicht aufgeschlossen werden kann.

Wo und wie füttern?

Hunde können sozusagen die Uhr lesen und wissen um die Tageszeit genau Bescheid. Füttern Sie deshalb immer zur gleichen Zeit und am selben

Was darf man nicht füttern?

- rohes Schweinefleisch (könnte Erreger der Aujeszkyschen Krankheit übertragen)
- rohes Geflügel (Salmonellengefahr)
- Knochen (führen zu Verstopfung; splittern stark und können den Darm verletzen)
- stark gewürzte Speisen schädigen die Nieren
- Süßigkeiten, vor allen Dingen Schokolade
- verdorbene Lebensmittel
- rohes Eiweiß, es verhindert die Aufnahme des wichtigen Biotins

Der Nährstoffgehalt von Mischfutter für wachsende Hunde

Trockenalleinfutter	
Rohprotein (%)	25 – 30
Kalzium (%)	1,2 – 1,4
Kalzium : Phosphor	1,2 – 1,5 : 1
Vitamin D(i.E./kg)	800 – 1000

Feuchtalleinfutter (Dosenfutter)	
Rohprotein (%)	7 – 9
Kalzium (%)	0,3 – 0,4
Kalzium : Phosphor	1,2 – 1,5 : 1
Vitamin D(i.E./kg)	200 – 300

Eigenmischungen für Junghunde	
Pansen/Fleisch	65 %
Reis/Haferflocken	30 %
Pflanzenöl	5 %
Mineralstoffmischung	20 % Kalzium 2 – 2,5 g/kg KM*

Eigenmischungen für erwachsene Hunde	
Pansen/Fleisch	35 %
Reis/Haferflocken	60 %
Pflanzenöl	5 %
Mineralstoffmischung	2 – 2,5 g/kg KM* 20 % Kalzium

*KM = Körpermasse

Freundlich servieren – und in Ruhe genießen lassen!

Platz, der etwas geschützt sein sollte. Die Mahlzeiten schmecken ungestört am besten. Verwenden Sie zum Füttern einen höhenverstellbaren Futterständer, angepaßt an die Größe Ihres Berners. Um einer Magendrehung vorzubeugen, sollte Ihr Hund nach dem Fressen mindestens eine halbe Stunde ruhen.

Frisches Wasser muß Ihrem Hund immer zur Verfügung stehen und jederzeit zugänglich sein.

Gewichtsentwicklung

Das Geburtsgewicht von Berner Sennenhunden liegt normalerweise zwischen 400 und 500 g. In den ersten zehn Tagen verdoppelt der Welpe sein Geburtsgewicht, um dann bei normaler Entwicklung wöchentlich ca. 500 g zuzulegen. Zur Wurfabnahme, ca. in der 8. Woche, sollte ein Gewicht von mindestens 7 kg erreicht sein. Dies ist auch das vom SSV geforderte Abgabegewicht. Danach rechnet man als Faustregel in der ersten Zeit 1 kg Gewichtszunahme pro Lebenswoche (12 Wochen = 12 kg). Bis zum ersten Geburtstag kann das Gewicht bei

Bernern zwischen 38 kg und 60 kg liegen.

Ausschlaggebend ist der Körperbau und das Geschlecht des Hundes. Ihr Berner ist zu dick, wenn keine Taille mehr sichtbar ist und die Dornfortsätze der Wirbelsäule nicht mehr fühlbar sind.

Die Gewichtsentwicklung

Alter	*Gewicht*
1 Tag	ca. 500 g
8 Wochen	mindestens 7 kg
4 Monate	18–28 kg
6 Monate	25–39 kg
9 Monate	29–45 kg
1 Jahr	35–54 kg

Diätfutter

Wenn Sie Ihren Berner kritisch betrachten und der Meinung sind, Ihr Hund ist etwas rundlich geworden, dann hilft oft schon mehr Bewegung für Ihren Vierbeiner. Sollte das zuwenig Erfolg bringen, dann kann nur kalorienreduzierte Diätkost weiterhelfen. Streichen Sie alle Leckereien zwischendurch. Wenn Ihr Liebling Sie mit treuen Augen ansieht, bleiben Sie fest.

Auch für diesen Zweck bietet die Futtermittelindustrie ausgewogenes Diätfutter mit reduziertem Energiegehalt. Hungern sollten Sie Ihren Berner keinesfalls lassen.

Sie können sein normales Futter in der Menge etwas reduzieren und dafür Karotten, Obst und Salat zugeben. Dies ist auch eine Möglichkeit, eine kurze Diätzeit zu überbrücken. Da auch beim etwas pummeligen Hund die Futterration mit allen wichtigen Nährstoffen versehen sein muß, um eine Unterversorgung zu verhindern, ist es aber sicherer und einfacher, hier auf Diätfertigfutter zurückzugreifen.

Kaustangen als Belohnung schmecken und bringen Beschäftigung.

Snacks und Kauartikel

Alle Snacks und Kauartikel, die zwischendurch gegeben werden, sollten ohne zusätzliche Vitamine und Mineralstoffe sein. Gerne genommen werden getrocknete Ochsenziemer, getrocknete Rinderohren, Rindersehnen und Büffelhautknochen, harte Hundekuchen und Hundekekse.

Snacks bieten gleichzeitig Beschäftigung, stärken das Zahnfleisch und die Zähne und verhindern Zahnstein.

Bei der täglichen Gesamtfuttermenge müssen diese Kauartikel jedoch berücksichtigt werden.

Fütterungshygiene

Lagern Sie Trockenfutter und Hundeflocken immer trocken, kühl und niemals neben stark riechenden Waren oder Reinigungsmitteln. Frisches Fleisch am besten immer einfrieren. Innereien und frisches Schlachtfleisch vorkochen, um einer Verunreinigung durch Bakterien usw. vorzubeugen.

Futterreste, die nach 15 Minuten noch nicht vertilgt sind, bitte wegstellen und kühl aufbewahren oder gegebenenfalls auch wegwerfen.

Achten Sie darauf, daß Futter- und Wasserschüsseln immer so heiß wie möglich gespült werden und sauber sind.

Futter bitte nicht zu heiß oder zu kalt geben, Zimmertemperatur ist genau richtig.

Richtige Pflege

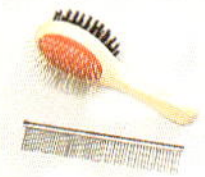

Richtige Pflege

▸ Fell

Ihr Berner besticht durch sein schönes Haarkleid. Diese Pracht bedarf aber täglicher Pflege. Einmal täglich mit einer Bürste aus Naturborsten durchgebürstet, wird das Fell glänzen. Haarzotteln bitte vorsichtig mit den Fingern lösen, denn die Fellpflege soll Ihrem Berner Spaß machen.

Nützen Sie diesen intensiven Kontakt mit Ihrem Hund, das vertieft die Beziehung zueinander. Gewöhnen Sie schon den kleinen Welpen an die Fellpflege. Während der Welpenspieltage hat Ihr Kleiner schon das Stehen auf einem Tisch geübt, dadurch wird Ihnen diese Arbeit jetzt sehr erleichtert. Dazu genügt aber vorerst eine weiche

Bürsten ist Fellpflege und Verwöhnen pur.

Babybürste. Einige Bürstenstriche sind für den Anfang genug.

Den erwachsenen Berner verwöhnt man einmal pro Woche mit gründlichem Bürsten mit einer Naturbürste und einem grobzinkigen Kamm oder einem Striegel. Dabei geht man schichtweise vor und vergißt auch nicht die Zotteln hinter den Ohren und die langen Haare an den Hinterbeinen, Hosen genannt.

HAARWECHSEL ▸ Schwarzglänzend, satt rotbraun und weiß – so sieht das Fell eines gepflegten, gesunden Berners aus. Zweimal im Jahr, meist im Frühjahr und Herbst, verändert sich aber die Haarstruktur Ihres Hundes. Das Fell wird struppig, matt, oft mit einem deutlichen Rotstich. All dies sind Anzeichen für den bevorstehenden Fellwechsel. Tägliches gründliches Ausbürsten mit einem grobzinkigen Kamm oder Striegel, der auch die Unterwolle mit erfaßt, beschleunigt den ganzen Prozeß.

Bei Hündinnen ist die Haarung mit der Läufigkeit gekoppelt. Die hormonelle Veränderung im Körper beeinflußt den Fellwechsel. Bei kastrierten Tieren verläuft, unabhängig vom hormonellen Geschehen, der Fellwechsel weniger auffällig: Das ganze Jahr über wird hier abgestorbenes Haar beim Bürsten abgegeben.

Einige Gaben Bierhefetabletten oder Silicea aus der Homöopathie können den Fellwechsel unterstützen.

Mattes und strohiges Fell zu ungewöhnlicher Zeit und außerhalb des

Manchmal hilft nur noch die Schere.

Eine regelmäßige Kontrolle der Ohren hilft, Erkrankungen frühzeitig zu erkennen.

normalen Haarungszyklus können unter Umständen auf einen Mangel an wichtigen Mineralien oder auch auf eine Erkrankung hinweisen. Der Gesundheitszustand Ihres Berners sollte dann vom Tierarzt überprüft werden.

▸ Augen

Die Augen wischt man täglich mit einem Zellstofftüchlein sauber und reinigt sie von eventuellem Sekret. Dabei immer vom Auge wegwischen!

Bei Autofahrten auf Zugluft achten, diese fördert Entzündungen.

▸ Ohren

Kontrollieren Sie einmal pro Woche die Ohren Ihres Berners. Verunreinigungen entfernt man mit einem zusammengedrehten Zellstoff- oder weichen Papiertaschentuch. Der Fachhandel bietet hierfür auch eine flüssige Ohrreinigungs-Tinktur an, welche hartnäckiges Ohrenschmalz löst und ab und zu angewendet werden kann.

Q-Tips oder Wattestäbchen befördern Schmutzteilchen und Ohrenschmalz meist nur noch tiefer in die Ohrmuschel. Sie sollten niemals verwendet werden!

▸ Zähne

Es genügt, einmal pro Woche mit einem groben, jedoch weichen Lappen die Zähne zu reinigen. Im Zoofachgeschäft gibt es Zahnbürsten und Reinigungspaste speziell für Hunde. Keinesfalls darf man »Menschen-Zahncreme und -bürsten« verwenden. Das Kontrollieren und Reinigen der Zähne sollte man schon beim Welpen vorsichtig üben.

Täglich ein harter Hundekeks oder ein Büffelhautknochen reinigen die Zähne ebenfalls.

Achten Sie darauf, daß Ihr Hund keine Steine zum Spielen nimmt. Die Zähne könnten abbrechen oder splittern.

Die Milchzähnchen hat Ihr kleiner Berner schon im Alter von drei bis vier Wochen nach und nach bekommen. Mit drei bis vier Monaten beginnt der Zahnwechsel. Helfen Sie ihm dabei, indem Sie ihm viele Möglichkeiten zum Kauen bieten. Besser als auf Vaters teuren Lederschuhen herumzukauen, sind Büffelhautknochen, Ochsenziemer oder harte Hundekekse. Mit sechs Monaten sind die bleibenden Zähne dann meist durchgebrochen.

Kontrollieren Sie während dieser Zeit häufig das Gebiß. Der Hund wird so an die Gebißkontrolle gewöhnt, die bei Ausstellungen oder beim Tierarzt dann komplikationslos vonstatten geht.

Das Milchgebiß eines Berners hat übrigens 28 Zähnchen; das bleibende Gebiß besteht aus 42 Zähnen. Kieferanomalien wie Vor- oder Rückbiß können sich übrigens noch bis zum neunten Monat entwickeln.

Gebißkontrolle – bereits der Welpe sollte daran gewöhnt werden.

Zeigt her eure Füße! Hat sich auch kein Fremdkörper festgesetzt?

Pfoten

Nach dem Laufen über groben Untergrund wie Kies, Splitt usw. bitte prüfen, ob sich zwischen den Zehen Teilchen festgesetzt haben. Das schmerzt Ihren Berner sehr.

Meiden Sie in den Sommermonaten heißen Asphalt – Verbrennungsgefahr! Im Winter müssen die Pfoten nach jedem Spaziergang auf Eisklümpchen untersucht werden. Sie drücken die Zehen schmerzhaft auseinander. Die Haare zwischen den Zehenballen sollten geschnitten werden, damit solche Eisklümpchen sich weniger festsetzen können.

Wege und Straßen, die mit Salz gestreut sind, bitte meiden! Und schützen Sie die Pfoten Ihres Berners vor jedem Winterspaziergang mit Vaseline.

Krallen

Die Krallen Ihres Berners laufen sich von selbst ab, wenn er auf hartem Untergrund läuft. Sind sie einmal doch zu lang geworden, kann man sie mit einer speziellen Krallenzange kürzen. Gegebenenfalls übernimmt dies auch Ihr Tierarzt oder ein Hundesalon.

Geschlechtsteile

Kontrollieren Sie bei Ihrem Rüden hin und wieder den Penis. Eine Vorhautentzündung mit eitrigem Ausfluß tritt häufig auf. Ebenso kann Scheidenausfluß bei der Hündin eine Gebärmutterentzündung anzeigen. Mit einem weißen Papiertaschentuch lassen sich solche Veränderungen erkennen.

Baden

Zweimal im Jahr eine Volldusche mit hochwertigem, rückfettendem Spezialshampoo für Hunde schadet Ihrem Berner sicher nicht. Nützen Sie dafür die noch wärmeren Jahreszeiten wie Frühjahr und Herbst. Denn das lange Fell des Berners trocknet langsam und vorsichtiges Fönen wird nicht immer geschätzt. Gründliches Frottieren ist für Ihren Hund jedoch wie Verwöhnen.

Achten Sie beim Duschen darauf, daß keinesfalls Wasser in Augen und Ohren kommt. Am besten ist es, man spart den Kopf ganz aus.

Welpen bis zu einem halben Jahr, kranke Tiere, Hunde mit Hautproblemen und tragende Hündinnen haben Duschverbot.

Nach der Dusche werden Sie an Ihrem flockigen, flauschigen Berner Sennenhund Ihre Freude haben. Damit das Fell nicht zu stark kräuselt, bürsten Sie Ihren Hund einmal gründlich durch, bevor er ganz trocken ist. Schützen Sie Ihn im nassen Zustand vor Zugluft.

Pflegekalender

Täglich

- [ ] bürsten
- [ ] Augen auswischen

Wöchentlich

- [ ] Ohren reinigen
- [ ] Zähne reinigen
- [ ] gründlich bürsten
- [ ] Pfoten kontrollieren

Monatlich

- [ ] Bett und Liegeplatz auf Flöhe kontrollieren

Vierteljährlich

- [ ] Wurmkur

Halbjährlich

- [ ] duschen

Jährlich

- [ ] Impfung und Gesundheits-Check beim Tierarzt

Rundum gesund

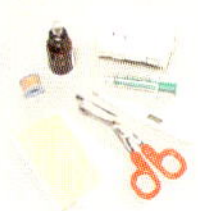

Rundum gesund

Einen gesunden Berner erkennt man an seinem glänzenden Fell und an seinem aufgeschlossenen, fröhlichen Verhalten. Ein gesunder Berner ist an seiner Umwelt interessiert, er freut sich, wenn Sie nach Hause kommen oder ihn ansprechen. Er nimmt sofort Kontakt auf und kommt schwanzwedelnd auf Sie zu. Sein gewohntes Futter nimmt er gerne an und ist jederzeit zu einem Spaziergang bereit.

▸ Vorbeugen

Zeigt Ihr Berner auffälliges Verhalten, ist er ständig müde, frißt er schlecht, so kann das auf eine Erkrankung hindeuten, und er gehört in die erfahrenen Hände eines Fachmannes. Nur der Tierarzt kann diese Symptome abklären.

Beobachten Sie Ihren Berner genau. Notieren Sie jede Veränderung im Verhalten, bei den Freßgewohnheiten usw. Der Tierarzt ist auf solche Hinweise angewiesen. Messen Sie bei ungewöhnlichen Merkmalen vorsorglich bei Ihrem Hund Fieber, um auch hier im Vorfeld schon gezielte Hinweise geben zu können.

Manche Ereignisse müssen als Notfall gesehen und auch als solcher behandelt werden: Dazu gehören z. B. Insektenstiche im Bereich des Kopfes und des Fanges. Ungewöhnliches Verhalten mit aufgetriebenem Bauch kann auf eine Magendrehung hindeuten und bedeutet für Ihren Hund Lebensgefahr. Verkrampfter Rücken bzw. Bauch bei stocksteifem Stehen – Ihr Hund will

Enger Kontakt – mit gesunden Hunden kein Problem!

Bei diesen Notfällen sofort zum Tierarzt!

- Fieber über 39 °C
- nicht zu stillende Blutungen
- Krampfanfälle
- anhaltende Lahmheit
- Insektenstiche mit starken Schwellungen
- geblähter Bauch, Würgen ohne zu erbrechen
- Kreislaufprobleme
- Wärmestau, Hitzschlag
- Fremdkörper in Maul oder Darm
- starker Durchfall oder Verstopfung
- alle Augenverletzungen
- Ohrenkratzen, verbunden mit ständigem Kopfschütteln
- merkwürdiger, schaukelnder Gang (»Wobbeln«)

sich nicht bewegen oder hinlegen – kann auf eine Gaskolik deuten. Dies sind alles akute Anzeichen einer Erkrankung und gehören sofort behandelt.

Unsere Hunde können uns leider nicht mitteilen, wo es zwickt und sind auf unsere Vorsicht und unser Mitdenken angewiesen. Zögern Sie daher bei allen unklaren Krankheitsbildern nicht mit dem Besuch beim Tierarzt.

Nicht bei allen Erkrankungen läßt sich vorbeugend etwas tun, aber seinen Hund gesund ernähren, ihn pflegen und soziale Fürsorge treffen, sind wichtige Punkte, um ihn gesund zu halten.

TIP

Regelmäßiges Impfen ist selbstverständlich. Genauso muß mit Ihrem Berner 3- bis 4mal jährlich eine Wurmkur durchgeführt werden. Dies ist auch zu Ihrem eigenen Schutz wichtig. Zecken und Flöhe müssen ständig wirksam bekämpft werden. Dazu gehört das Absuchen nach den ungeliebten Blutsaugern, wenn Sie in befallenen Gebieten unterwegs waren.

Täglicher Gesundheitscheck

- Frißt Ihr Hund normal?
- Trinkt er ausreichend, in normaler Menge?
- Ist er munter und aufnahmefähig?
- Kann er normal Kot absetzen?
- Uriniert er normal?

Ektoparasiten

FLÖHE ▸ Flöhe sind wahre Artisten und Meister im Weitsprung. Beim Waldspaziergang reicht bereits ein kurzer Kontakt mit einem Igel oder anderen Tier und – schon hat sich Ihr Hund einen Mitbewohner eingefangen. Da Flöhe nur 1 bis 2 mm groß sind, sieht man sie selten. Anzeichen sind immer, wenn der Hund sich anhaltend kratzt und beim Kämmen mit einem Flohkamm der Flohkot aus dem Fell fällt: kleine schwarze Krümel, die, in Wasser verrieben, rot werden.

Einen guten Schutz bieten die im Fachhandel erhältlichen Flohhalsbänder. Liegeplätze und Lager werden immer gut abgesaugt und bei Befall ebenfalls mit Flohspray behandeln. Hervorragend zur Reinigung bei Flohbefall geeignet sind die modernen Dampfreiniger.

Besteht begründeter Verdacht auf Flohbefall, sollte immer auch eine Wurmkur verabreicht werden. Denn der Floh ist leider auch ein Zwischenwirt für den Bandwurm.

LÄUSE UND HAARLINGE ▸ Wenn diese kleinen Blutsauger es sich im Fell Ihres Hundes bequem gemacht haben und richtige Kratzanfälle bei ihm auslösen, können Flohmittel helfen. Auch spezielle Shampoos werden im Zoofachhandel angeboten.

MILBEN ▸ Milben ernähren sich von Hautschuppen und sind auf fast allen Lebewesen zu finden. Auffällig werden sie fast nur, wenn sie sich aus den verschiedensten Ursachen zu stark vermehren können. Eine mikroskopische Untersuchung durch den Tierarzt ist nötig, um die Milben zu identifizieren. Die Behandlung kann langwierig sein.

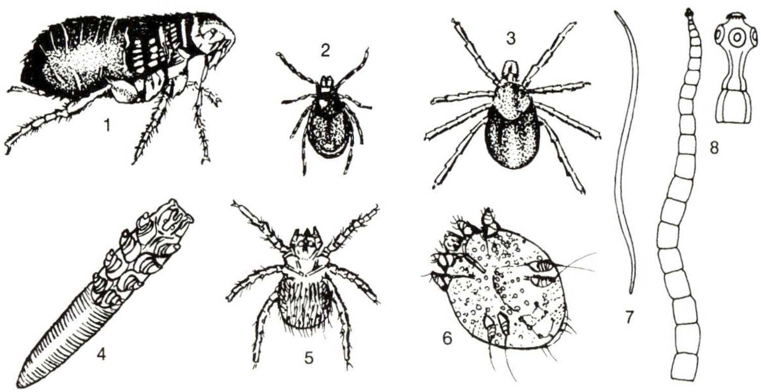

Parasiten – ungebetene Gäste, die sofort bekämpft werden müssen!
1 Hundefloh
2 Zeckenmännchen
3 Zeckenweibchen
4 Haarbalgmilbe
5 Herbstgrasmilbe
6 Grabmilbe
7 Spulwurm
8 Bandwurm, Kopf im Detail

HERBSTGRASMILBEN ▸ Wie ihr Name schon andeutet, treten sie gehäuft im Herbst auf, sitzen im Gras und verursachen an Pfoten und Ballen und an den Innenseiten der Oberschenkel Rötungen und starken Juckreiz. Emulsionen, vom Tierarzt verordnet, bringen Linderung.

DEMODIKOSE ▸ Die Erkrankung wird durch Demodex-Milben verursacht. Diese Milbenart sitzt in den Haarbälgen und ernährt sich von Hautschuppen. Sie tritt meist am Kopf und um die Schnauze herum auf. Kreisrunder Haarausfall ist die Folge. Die lokale Form der Demodikose kann über die Mutterhündin auch auf die Welpen übertragen werden.

Eine schwere Form dieser Erkrankung ist die generalisierte Demodikose: Sie schädigt die Haut schwer und befällt, vom Kopf ausgehend, den ganzen Körper. Ursache dafür ist meist ein gestörtes Immunsystem. Eine spezielle Behandlung ist nötig und meist sehr langwierig. In schweren Fällen ist eine Hilfe oft nicht mehr möglich.

ZECKEN ▸ Der gemeine Holzbock lauert auf Büschen und Gräsern. Er saugt sich in der Haut des Hundes fest und läßt von selbst erst wieder los, wenn er mit Blut vollgesogen ist. Entfernen Sie die lästigen Blutsauger möglichst bald, indem Sie mittels einer Zeckenzange tief unten am Kopf des Tieres fassen und es vorsichtig mitsamt dem Kopf herausdrehen.

Die Zecke ist der Überträger der FSME (Frühsommermeningoenzephalitis), einer Viruserkrankung, die einer Form der Gehirnhautentzündung ähnelt. Das Virus der FSME wurde immer häufiger im Hundeblut nachgewiesen. Krampfanfälle können die Folge sein.

Man kann den Hund schützen, indem man ihn mit dem Impfstoff impfen läßt, der auch für Menschen verwendet wird.

Außerdem ist die Zecke auch der Überträger der Borreliose. Dagegen ist seit neuestem ein Impfstoff erhältlich. Borrelieninfektion zeigt sich mit den unterschiedlichsten Symptomen: unerklärliche Fieberanfälle, Schluckbeschwerden, Schmerzen in der Vor- und Hinterhand können Anzeichen sein. Zur gesicherten Diagnose ist eine Blutuntersuchung nötig. Der Tierarzt wird im Fall einer Borrelieninfektion sofort mit hochdosierten Antibiotika eingreifen. Unbehandelte Borrelieninfektionen können zu schweren Nierenschäden führen.

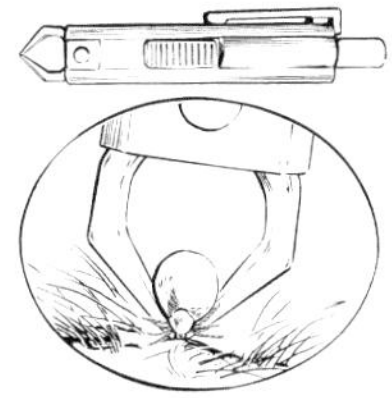

Zecken müssen sofort fachgerecht entfernt werden, indem man sie möglichst weit vorn am Kopf packt.

▸ Endoparasiten

SPULWÜRMER ▸ Muttertiere und Welpen sind häufig davon betroffen. Jedoch können auch andere Hunde mit Wurmeiern infiziert sein. Anzeichen sind Appetitlosigkeit, Mattheit oder auch Heißhunger. Zu Ihrer eigenen Sicherheit sollten Sie mit Ihrem Hund regelmäßige Wurmkuren nach den Anweisungen des Tierarztes durchführen.

HAKENWÜRMER ▸ Sie ähneln im hervorgerufenen Krankheitsbild den Spulwürmern und müssen ebenso behandelt werden.

BANDWÜRMER ▸ Sie können eine ernsthafte Gesundheitsgefahr darstellen, da sie auf den Menschen übertragbar sind. Regelmäßige Wurmkuren sind also auch Gesundheitsvorsorge im eigenen Interesse. Bandwurmglieder werden mit dem Kot ausgeschieden und sind so sichtbar.

Infektionskrankheiten

HEPATITIS ▸ Hier handelt es sich um eine ansteckende Leberentzündung. Bei älteren Tieren können alle Symptome einer schweren Erkältung mit Fieber diese Erkrankung anzeigen. Welpen sterben meist daran. Mit der jährlichen Vorsorgeimpfung sind die Hunde geschützt.

PARVOVIROSE ▸ Eine gefährliche, ansteckende Viruserkrankung, die in kürzester Zeit ganze Würfe sterben läßt. Blutiger, wässriger Durchfall, Appetitlosigkeit und Teilnahmslosigkeit sind die Anzeichen. Hier heißt es schnellstens zu handeln, um noch eine geringe Überlebenschance zu nützen.

Impfungen in der 7. bis 8.Woche und die Wiederholungsimpfung in der 12. Woche sind daher lebenswichtig.

LEPTOSPIROSE ▸ Dies ist eine Bakterienvergiftung. Leptospiren finden sich häufig in stehenden Gewässern – dort, wo auch Bisamratten zu finden sind. Die jährliche Impfung schützt den Hund.

STAUPE ▸ Eine fiebrige, ansteckende Infektionskrankheit. Anzeichen sind Erbrechen, Husten, Ausfluß aus Augen und Ohren. Die Impfung gegen Staupe gehört zur jährlichen 5fach-Impfung.

ZWINGERHUSTEN ▸ Eine häufige Ansteckungsquelle sind Hundeplätze und Ausstellungen. Lassen Sie sich den Spaß an diesen Aktivitäten dadurch nicht verdrießen. Eine Impfung schützt Ihren Hund zuverlässig. Die Erkrankung äußert sich ähnlich wie bei Kindern der Keuchhusten und kann langwierig sein.

TOLLWUT ▸ Dies ist eine Viruserkrankung von Wildtieren, die auf unsere Hunde übertragen werden kann. Die Tollwut ist eine tödliche, auf Menschen übertragbare, schon bei Berührung von infizierten Tieren ansteckende Erkrankung. Die jährliche Impfung ist gesetzlich gefordert.

Impfkalender

- 7./8. Woche
  Impfung gegen Staupe, Hepatitis, Leptospirose, Parvovirose (SHLP), Tollwut, Zwingerhusten
- Wiederholung 12. Woche
- jährliche Wiederholung

Die Wissenschaft arbeitet an verschiedenen Impfseren und -schemata, besonders die Parvovirose betreffend. Bitte sprechen Sie daher das beste Impfprogramm für Ihren Hund mit dem Tierarzt ab.

TIP

Der Impfpaß mit der jährlich eingetragenen Tollwutimpfung muß bei Fahrten ins Ausland immer mitgeführt werden und ist auch beim Ausstellungsbesuch vorzulegen.

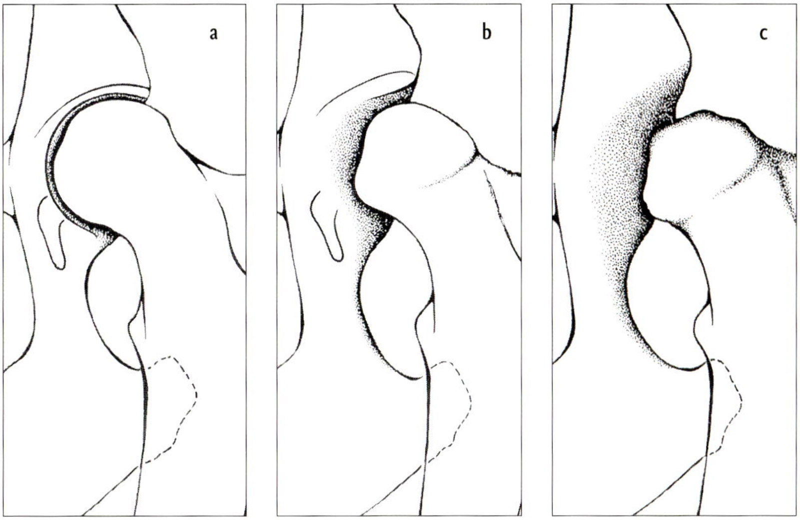

HD
a normales Hüftgelenk
b mittlere HD
c schwere HD

Die Zuchtwertschätzung des SSV unterstützt die Züchter bei der Problemminderung durch gezielte Partnerwahl.

Erbkrankheiten

HÜFTGELENKSDYSPLASIE ▸ Wie bei allen großen und schnellwüchsigen Rassen ist auch bei Berner Sennenhunden eine HD möglich. Eine genetische Disposition ist dafür erforderlich. Jedoch können übermäßige Belastungen im ersten Lebensjahr und Ernährungsfehler diese Erkrankung begünstigen.

Von HD spricht man, wenn der Gelenkkopf des Oberschenkels nicht fest in der Hüftpfanne sitzt und von dieser gehalten wird – ähnlich einem Kugelkopf im Lager. Bei schwerer HD ist die Hüftpfanne oft gar nicht ausgeformt oder abgeflacht. Jede Bewegung bereitet dem Hund Schmerzen; schmerzfreies Laufen ist nicht möglich.

Eine HD läßt sich gesichert nach dem Abschluß des Kochenwachstums,

Zuchterlaubnis bei HD

Stufe	*Zucht erlaubt?*
HD-frei	Ja
HD-Verdacht	Ja
HD-leicht	Nur mit HD-frei
HD-mittel	Nein
HD-schwer	Nein

TIP

Um HD-Probleme beim Berner Sennenhund nicht zu fördern, sollten Sie mit dem Kleinen im ersten Lebensjahr nicht radfahren, nicht joggen, keine langen Spaziergänge machen und ihn nicht zu viele Treppen steigen lassen.
Solange es möglich ist, tragen Sie den Welpen die Treppen hoch! Muskeln, Sehnen, Bänder und das Skelett brauchen Zeit, um sich festigen zu können. Das ist meist nach dem ersten Lebensjahr der Fall. Bis dahin sollten auch glatte Böden im Haus mit Teppichen ausgelegt werden. Beim Spielen mit anderen Hunden allzu wildes Toben vermeiden! Dann kann Ihr Hund Sie bei allen Unternehmungen begleiten.

frühestens ab dem 12. Lebensmonat, durch Röntgen erkennen.

Für alle Zuchttiere fordert der Schweizer Sennenhund-Verein für Deutschland eine Röntgenauswertung. Diese muß von einem vom SSV bestätigten Gutachter ausgewertet werden. Zuchterlaubnis wird bis maximal HD-leicht erteilt. Dann darf jedoch nur mit einem HD-freiem Partner verpaart werden.

ELLBOGENDYSPLASIE ▸ Dies ist eine Fehlentwicklung von Elle und Speiche in der Vorhand. Eine Röntgenaufnahme unter den gleichen Bedingungen wie für die HD-Auswertung ist für eine Zuchtzulassung erforderlich.

Zuchterlaubnis bei ED

Stufe	*Zucht erlaubt?*
ED-frei	Ja
ED-Verdacht	Ja
ED-I	Nur mit ED-frei
ED-II	Nein

ENTROPIUM ▸ Ihr Hund hat ständig gerötete Augen, das Augenlid stülpt sich nach innen und verursacht durch ständiges Reiben Schmerzen. Unbehandelt kann diese Erkrankung zur Erblindung führen. Für den Tierarzt bedeutet die Behandlung einen kleinen chirurgischen Eingriff, für die Zucht mit Ihrem Berner Sennenhund leider ein »Aus«.

EKTROPIUM ▸ Der Lidschluß des Auges ist zu lose; ständige Augenentzündung kann die Folge sein. Auch dies bedeutet, daß man keine Zuchterlaubnis erhält.

Weitere Erkrankungen

EKZEME ▸ Ekzeme und auch der sogenannte Hot-spot können gelegentlich beim Berner auftreten. Die Haut juckt und ist mit kleinen Pickelchen bedeckt. Die Stelle bricht mitunter zu einer großen Wundfläche auf und riecht übel. Fütterungsfehler sind hier oft die Ursache. Die Behandlung ist Sache eines Tierarztes. Vitaminreiche Ernährung kann unterstützend helfen.

EPILEPSIE ▸ Dies sind Krampfanfälle, die verschiedene Ursachen haben können. Manchmal kündigen sich solche Anfälle vorher durch ungewöhnlich hektisches Verhalten an. Beim Berner sind epileptische Anfälle glücklicherweise eher selten. Der Tierarzt kann helfen.

OHRENTZÜNDUNG ▸ Sie kann bei Hunden mit Hängeohren etwas häufiger vorkommen als bei stehohrigen Rassen. Vorsorge treffen Sie mit der wöchentlichen Reinigung des Ohres. Eine Erkrankung des Ohres erkennen Sie, wenn Ihr Hund ständig den Kopf schüttelt, diesen schief hält oder sich häufig am Ohr kratzt. Im Ohrinneren hat sich dunkles, übelriechendes Sekret gebildet. Reinigen Sie das Ohr vorsichtig mit einem Zellstofftuch. Calendula-Salbe hat hier schon gut geholfen. Wenn Ihr Hund deutliche Schmerzen bei der Behandlung hat oder nach drei Tagen keine Besserung eingetreten ist, unbedingt den Tierarzt aufsuchen!

MALIGNE HYSTIOZYTOSE ▸ Dies ist eine besonders bösartig verlaufende Krebsart in den Zellen des Immunsystems. Erste Anzeichen sind Freßunlust, Mattigkeit und weiße Schleim-

Zusammen tollen und toben ist ein Zeichen für Gesundheit.

häute; die ersten Symptome ähneln denen der Leukämie. An den inneren Organen bilden sich schnell wachsende Tumore. Häufig betroffen sind Nieren, Lunge und Herz. Der Hund verfällt sehr rasch und ist nicht zu retten.

Eine zweite Form dieser Erkrankung ist die systemische Hystiozytose. Hier kann der Krebs über Jahre im Körper des Hundes schlummern, bis er ausbricht, führt aber auch hier zum Tod.

KARIES ▸ Um Karies zu verhüten, läßt man Zahnstein vom Tierarzt entfernen. Vorbeugend kann man außerdem mit klarem Wasser und einem rauhen Frotteetuch das Gebiß reinigen.

▸ Notfälle

HITZSCHLAG ▸ Die Überhitzung in der warmen Jahreszeit ist bei unseren langhaarigen Hunden eine nicht zu unterschätzende Gefahr. Schwüles und heißes Wetter vertragen Berner Sennenhunde sehr schlecht. Vermeiden Sie daher alle Anstrengungen in der heißen Sommerzeit! Gehen Sie frühmorgens oder spät am Abend mit Ihrem Hund spazieren.

Sind Autofahrten nicht zu vermeiden, hilft für kurze Strecken ein nasses T-Shirt, das Sie Ihrem Hund überziehen. Die Verdunstungskälte bringt Kühlung. Ihr Hund muß dies vorher aber schon einmal kennengelernt haben.

Lassen Sie Ihren Hund im Sommer nie im Auto zurück. Denken Sie daran, daß die Sonne wandert.

Besteht der Verdacht auf Hitzschlag, bringen Sie Ihren Hund sofort in den Schatten. Kühlen Sie ihn mit nassen Tüchern. Besonders Pfoten, Bauch und Kopf mit nassen, kühlen Tüchern abdecken! Niemals dürfen Sie ihn mit eiskaltem Wasser übergießen. Dies würde einen Kreislaufkollaps zur Folge haben. Bringen Sie ihn sofort zum Tierarzt. Bis zum Eintreffen weiter kühlen.

KREUZBANDRISS ▸ Hierbei handelt es sich um einen Abriß der haltenden Bänder im Kniegelenk. Probleme beim Aufstehen, plötzliche Lahmheit, Schmerzen beim Treppensteigen sind typische Symptome. Eine Operation bringt Hilfe.

MAGENDREHUNG ▸ Heftige Bewegungen nach dem Fressen oder auch übermäßiges Trinken, wenn der Hund erhitzt ist, kann bewirken, daß der Magen des Hundes sich um die eigene Achse dreht. Dadurch wird die Blutzufuhr abgeschnürt. Verdauungsgase können nicht mehr abgehen, der Magen bläht sich auf und drückt auf Nerven und Gefäße. Der Hund befindet sich in einer lebensbedrohlichen Situation. Der Leib des Hundes bläht sich auf, er speichelt und würgt, ohne ein Erbrechen herbeiführen zu können. Nur eine schnellstens herbeigeführte Notoperation kann das Leben retten.

Vorbeugend sollte der Hund nach dem Fressen mindestens eine halbe Stunde ruhen. Die doch relativ großen Portionen der Berner Sennenhunde gibt man vorsorglich auf zwei Mahlzeiten verteilt, morgens und abends.

KNOCHENBRÜCHE ▸ Sie sind die Folge von Autounfällen oder Stürzen. Vorsicht – der Hund könnte vor Angst beißen, da er große Schmerzen hat. Sie sollten den Hund unbedingt an die Leine nehmen, er ist nach einem Unfall völlig verstört und könnte weglaufen! Verständigen Sie den Tierarzt, dann schützen Sie den verletzten Körperteil vorsichtig und transportieren den Hund möglichst liegend. Reden Sie beruhigend auf Ihren Hund ein.

VERGIFTUNGEN ▸ Sie werden oft durch Rattengift, Pflanzenschutzmittel usw. verursacht und enden häufig tödlich. Bei jedem Verdacht sofort zum

Tierarzt gehen, hier kann Zeit Leben retten! Bitte nehmen Sie Reste des vermuteten Giftes, Verpackungen und Erbrochenes mit.

Achten Sie bei Arbeiten mit Chemikalien in Haus und Garten darauf, daß Sie Ihren Hund nicht durch Unachtsamkeit selbst gefährden.

Alternative Heilmethoden

Alternative Heilmethoden erfreuen sich in unserer technisierten Umwelt wachsenden Interesses; die Suche nach natürlichen Heilverfahren wird immer intensiver. Hilft diese Behandlungsmöglichkeit auch bei unseren Bernern? Erstaunlicherweise wird bei unseren Hunden von sehr guten Heilerfolgen berichtet! Dabei sind die Therapieerfolge sicher ein Beweis für die Wirksamkeit der alternativen Verfahren, denn Suggestion kann man beim Hund ausschließen.

Die Grundlage für homöopathische oder andere naturheilkundliche Anwendungen ist immer eine Untersuchung durch den Tierarzt sowie seine gesicherte Diagnose. Naturheilmittel kön-

Wie gut, daß mein Mensch den Erste-Hilfe-Kurs besucht hat.

Vitalfunktionen erhalten

- Die Atemwege müssen freigehalten werden. Ziehen Sie dazu die Zunge des Tieres aus dem Maul. Der Rachenraum muß von Blut oder Sekret befreit werden.
- An der Innenseite des Oberschenkels fühlt man den Puls. Die normale Frequenz ist 70 bis 120 Schläge pro Minute.
- Setzt die Atmung aus, dann beginnt man mit künstlicher Beatmung. Man schließt dabei das Maul des Hundes und bläst beim Ausatmen Luft über die Nasenlöcher des Hundes in seine Lunge (etwa 8mal pro Minute).
- Den Herzschlag fühlt man auf der linken Seite des Brustkorbes in Höhe des Ellbogengelenkes. Dabei immer beruhigend auf das Tier einwirken!

nen einen Heilungsprozess wirksam unterstützen. Der Weg zum Tierarzt ist aber nach wie vor unumgänglich. Ein Arzt, der auch Naturheilverfahren anwendet, ist dabei der richtige Partner.

Daneben können sogenannte Befindlichkeitsstörungen wie Schreckhaftigkeit, Gewitterangst, Aggressionen, Scheinträchtigkeit usw. mit gutem Erfolg behandelt werden.

Erste Hilfe

Eine Katze oder ein anderer Hund auf der gegenüberliegenden Straßenseite können schon der Grund sein, warum Ihr Berner Ihnen den Gehorsam verweigert und sich losreißt. Autofahrer haben in solchen Fällen meist keine Chance mehr, rechtzeitig zu bremsen.

Wenn Ihr Berner in solch eine Situation kommt, ist das oberste Gebot, Ruhe zu bewahren. Handeln Sie jedoch überlegt und schnell. Der Hund muß sofort angeleint werden. Im Schockzustand reagieren auch die liebsten Hunde überraschend und unerwartet. Schützen Sie sich selbst vor Bissen. Ein verletzter Hund hat Schmerzen, und Schmerzreaktionen im Schockzustand sind normal.

Wenn der Hund laufen kann, sprechen Sie beruhigend auf ihn ein. Der nächste Weg sollte zum Tierarzt führen. Bleibt das Tier liegen und reagiert nicht, dann überprüfen Sie bitte die Vitalfunktionen Ihres Hundes. In diesem Falle sollte eine zweite Person bereits den Tierarzt verständigen.

Transportieren Sie den Hund so schnell und so schonend wie möglich

Hausapotheke für den Hund

- Die Telefonnummer des nächstgelegenen Tierarztes/Tierklinik (mit Tag- und Nachtbereitschaft)
- Fieberthermometer mit digitaler Anzeige
- Pinzette
- Pipette zum Einträufeln von Medikamenten
- Verbandsmaterial, auch für Druckverbände: elastische Binde, Pflaster, Schere, Klebeband
- Vliestuch als Beatmungstuch
- Dreieckstuch, um einen Notfallmaulkorb herzustellen
- Einmalhandschuhe
- Vaseline
- Schmerzmittel, am besten als Zäpfchen
- Durchfallmittel
- Kreislaufmittel aus der Homöopathie, z. B. Crataegus
- Wasserstoffsuperoxid 3% zur Wundreinigung
- Kühlgel oder Retterspitz für Umschläge

Solche Erste-Hilfe- oder Verbandskästen für Hunde werden bereits komplett im Handel angeboten.

zum Tierarzt. Er wird so vorsichtig wie irgend möglich auf eine Decke oder ein Brett gelegt und von zwei Personen getragen, wenn kein Tierarzt zur Unfallstelle kommt. Besteht Verdacht auf Knochenbrüche, müssen diese Körperteile mit Kissen möglichst weich abgepolstert und dabei gleichzeitig fixiert werden. Handeln Sie in allen Notfällen ruhig, schnell und überlegt.

TIP

Messen Sie bei Ihrem gesunden Hund einmal Fieber und fühlen Sie den Puls, um für den Ernstfall Vergleichswerte zu haben.

Unser Berner wird alt

Irgendwann zwischen dem 7. und 8. Lebensjahr Ihres Berners entdecken Sie die ersten grauen Haare um die Schnauze Ihres treuen Begleiters. Hatten Sie nicht erst kürzlich gedacht, wie manierlich und wohlgesittet sich Ihr Vierbeiner benimmt? Fast unmerklich ist aus dem übermütigen Lausbuben ein ruhiger und gelassener Sennenhund geworden. Gefestigt und unverwechselbar im Wesen, ist aus unserem Vierbeiner ein zuverlässiger Begleiter geworden.

Genießen Sie die gemeinsame Zeit des Verstehens und Vertrauens mit Ihrem Hund: Eine Handbewegung, ein Blick, eine Geste – Ihr Berner versteht Sie auch ohne Worte.

Langsam beginnt nun die Zeit des Alterns. Auch in dieser Zeit seines Lebens und besonders jetzt hat er Ihre Aufmerksamkeit und Fürsorge verdient. Achten Sie besonders darauf,

Medikamente geben: gewußt wie, ist es ganz leicht.

daß sein Lager vor Zugluft geschützt ist. Auch müssen Nässe und Feuchtigkeit abgehalten werden. Ihren Hund könnte schon Rheuma plagen.

Gönnen Sie ihm Ruhe, wenn er sie benötigt. Statt eines großen Spazierganges geht man jetzt zwei- oder dreimal eine kleine Runde mit ihm. Bemerken Sie bei Ihren täglichen Runden, daß Ihr Hund schwerer atmet als noch vor Monaten, dann lassen Sie beim Tierarzt das Herz untersuchen. Ein EKG bringt Klarheit. Auch bei unseren Hunden wird hin und wieder ein sogenanntes Altersherz festgestellt. Mit Medikamenten kann gut geholfen werden.

Die Ernährung ändert sich im Alter: die täglichen Portionen werden wieder mit Joghurt, Quark, Buttermilch oder Hüttenkäse ergänzt. Die tägliche Futtermenge gibt man wieder in zwei bis drei Portionen. Der alte Hund benötigt auch mehr Kalzium.

Zahnpflege und Fellpflege dürfen nicht vernachlässigt werden. Vielleicht muß der Tierarzt auch einmal den Zahnstein entfernen. Er könnte der Grund sein, warum Ihr Hund schlecht aus dem Maul riecht.

Ein gepflegter alter Berner mit glänzendem Haarkleid strahlt Würde aus. Doch irgendwann setzen die Beschwernisse seines Alters Ihrem Berner so zu, daß keine Linderung mehr möglich ist. Er leidet unter ständigen Schmerzen. Eventuell tritt auch eine Krankheit auf, für die es keine Hilfe gibt. Dann kommt unweigerlich der Tag des Abschiednehmens. Ihr Hund hat es verdient, daß Sie auch diesen letzten Gang mit ihm gemeinsam gehen. Manche Tierärzte sind auch bereit, zu Ihnen nach Hause zu kommen, und Ihr Berner darf dann in seiner gewohnten Umgebung in Ihren Armen einschlafen. Das Leiden seines Hundes aus egoistischen Gründen zu verlängern, weil man meint, noch nicht Abschied nehmen zu können, ist grausam.

Jeder Berner ist und bleibt ein einmaliges Wesen. Aber etwas vom Wesen Ihres alten Hundes werden Sie vielleicht auch in dem jungen Tier wiederfinden, das dann bei Ihnen ein gutes Zuhause finden darf. Somit beginnt wieder der Start in ein hoffentlich glückliches, fröhliches Hundeleben. Sie sollten jedenfalls alles dafür tun.

Im Alter werden Berner ruhiger.

Erziehung leichtgemacht

Erziehung leichtgemacht

»Dem Hunde, wenn er gut erzogen, ist auch der strengste Mann gewogen«, meinte schon Dichtervater Johann Wolfgang von Goethe.

Die Schweizer Bauern dachten in der damaligen Zeit allerdings, ein Dürrbächler bräuchte nicht extra erzogen zu werden, der käme schon erzogen zur Welt. Für frühere Zeiten mag dies wohl genügt haben. Unsere heutige Zeit stellt andere Anforderungen an unsere Hunde. Eine gute Erziehung ist unerläßlich geworden.

▸ Den Namen lernen

Damit Ihr Berner weiß, was Sie von ihm wollen, muß er Sie auch verstehen lernen. Unsere vielen Laute und Worte werden den kleinen Hund anfangs sehr verwirren.

Zuerst ist es daher wichtig, daß er seinen Namen kennenlernt. Sprechen Sie Ihren Welpen immer mit seinem richtigen Namen an. Vermeiden Sie, wenigstens vorerst, Kosenamen. Ihr kleiner Hund lernt sehr schnell, wer mit dem bestimmten Wort gemeint ist. Sagen Sie immer den Namen und den jeweiligen Befehl, beispielsweise »Bäri – Hier«. Ich halte dieses Kommando für einen der wichtigsten Befehle in der Hundeerziehung. Bei Gefahrensituationen muß dieser Befehl sicher und sofort ausgeführt werden. Wie lernt Ihr Berner das nun?

▸ »Hier« oder »Komm«

Eine für Ihren Hund fremde Hilfsperson ist in diesem Fall sehr von Vorteil. Der Helfende hält Ihren Welpen sanft unter der Brust fest. Die Vorderpfötchen sollten dabei minimal über dem Boden sein – somit ist der erste Sprung schon vorprogrammiert.

Sie selbst halten ein Leckerli als »Magnet« in der Hand und lassen den Kleinen daran riechen. Daraufhin entfernen Sie sich schnellen Schrittes fünf bis sechs Meter. Das ist für den Anfang genug. Drehen Sie sich um und gehen

So freundlich gerufen, kommt jeder Berner gerne

Sie in Hockstellung. Halten Sie Ihrem Welpen die Hand entgegen und rufen Sie den Namen und »Hier«. Ihr Welpe wird sicher schnell zu Ihnen gelaufen kommen.

Wenn er vor Ihnen sitzt, bekommt er seine Belohnung. Er wird gelobt und am Hals gekrault. Leinen Sie Ihren Hund aber bitte nicht sofort an. Das Kommen soll ja in jedem Fall als positiv empfunden werden.

Bei Wiederholungen kann man dann die Distanz immer weiter vergrößern. Als Krönung dieser Übung kann man sich auch kleine Verstecke aussuchen. Das macht die ganze Sache spannend für Ihren Hund.

Ihr Hund muß immer sicher zu Ihnen kommen. Ansonsten wird die Entfernung noch einmal verkürzt.

TIP

Nützen Sie jede Situation, wenn Ihr Hund sowieso zu Ihnen gelaufen kommt. Rufen Sie, z. B. zum Füttern, in diesem Augenblick seinen Namen mit dem Ruf »Hier«. Auf diese angenehme Weise kann er sein Kommen mit dem Befehl »Hier« verknüpfen.

»Sitz«

Noch vor einiger Zeit lernte der Hund das Kommando »Sitz«, indem man ihn am Halsband faßte, den Po nach unten drückte und das Kommando »Sitz« gab. Dies wurde aber vom Hund häufig mißverstanden, da ihm das Kommando »Sitz« bereits gegeben wurde, wenn er noch stand. Für ihn war also »Sitz« gleich »Steh«. Danach folgte immer der Fingerdruck auf die Kruppe und damit erst das Zeichen zum »Sitz«. So leicht entstehen Mißverständnisse zwischen Hund und Mensch.

Schonender und verständlicher für Ihren Vierbeiner ist es, die Situationen auszunützen, wenn er sich von sich aus setzt, und dies mit dem gleichzeitig gegebenen Kommando »Sitz« zu

»Sitz«, und das Handzeichen nicht vergessen.

»Platz« – mit Sichtzeichen schnell gelernt!

verknüpfen. Gleichzeitig kann man als Handzeichen den erhobenen Zeigefinger benützen. Später befolgt dann der Hund Hör- und Sichtzeichen. Das ist praktisch, denn in manchen Situationen ist es weniger auffallend, Kommandos nur mit Sichtzeichen zu geben.

▸ »Platz«

Leinen Sie Ihren Hund für diese Übung an (Flexileinen sind allerdings für diese Übung nicht geeignet). Nehmen Sie die Leine in die linke Hand und legen Sie diese auf den Boden. Dazu ist es natürlich nötig, in Hockstellung zu gehen. Die rechte, flach ausgestreckte Hand halten Sie in Augenhöhe des Hundes und sagen gleichzeitig das Kommando »Platz«. Ein Leckerchen in der rechten Hand unterstützt am Anfang die Aktion. Das bekommt der Hund selbstverständlich erst, wenn er den Befehl ausgeführt hat.

Sobald der Hund im Platz liegt, legen Sie die linke Hand auf den Rücken des Hundes, üben leichten Druck aus und wiederholen das Kommando »Platz, Platz«. Anschließend ist das ausgiebige Lob ein Muß. Dies war eine tolle Leistung des Hundes und soll entsprechende Anerkennung finden.

Das Handzeichen, die flache Hand, gilt als Sichtzeichen für »Platz«.

▸ »Bleib«

Sie haben Ihren Berner ins »Platz« gelegt. Verändern Sie nun Ihre Position und stellen Sie sich vor Ihren Hund

Das Handzeichen für »Bleib!«

hin. Zeigen Sie ihm die vorgestreckte flache Hand mit dem Wort »Bleib«. Gehen Sie schrittweise zurück und vergrößern Sie die Distanz. Sollte der Hund aufzustehen versuchen, wird der Abstand wieder verkürzt und »Platz« befohlen. Wenn der Befehl aufgehoben ist, muß das Lob folgen.

»Steh«

Auch ruhig neben Ihnen stehen zu bleiben, muß Ihr Berner erst lernen. Beim Welpen ist dies eine relativ leichte Übung; mit Leckerli gelingt sie schnell. Stellen Sie Ihren Welpen auf eine Bank oder auf einen schmalen, niedrigen Tisch. Vorsicht, daß nichts kippt oder umfallen kann! Sie selbst stehen auf der linken Seite, etwas vor Ihrem Hund. Ihr Hund ist angeleint. Sie halten den Kleinen mit der rechten Hand an kurzer Leine. Links halten Sie ihm sein Leckerli vor die Nase. Dabei wird das Wort »Steh« wiederholt. Sobald er ruhig steht, wird er mit seinem Leckerli belohnt. Niemals vorher!

Hat Ihr Hund gelernt, was »Steh« bedeutet, wird vor jedem Überqueren der Straße, also am Gehsteigrand, vor jeder Fußgängerampel oder auch mal beim täglichen Spaziergang die »Steh«-Übung wiederholt.

»Aus«

Das bedeutet Loslassen auf Befehl. Ihr Hund muß sich alle Gegenstände von Ihnen auf Befehl wegnehmen lassen. Für Fortgeschrittene heißt das auch, alles auf Befehl sofort fallenzulassen. Dieses Kommando – sicher befolgt – ist zum eigenen Schutz Ihres Berners wichtig. Wie interessant sind doch während eines Spazierganges oft Dinge, die eine Gefahr für unsere Hunde bedeuten! Ein folgsamer Hund erspart sich Vergiftungen oder das Verschlucken gefährlicher Gegenstände.

Geübt wird das »Aus« zu Hause. Hat Ihr Hund einen Gegenstand – das gilt auch für seinen Lieblingskauknochen – im Maul, greifen Sie mit der linken Hand über den Fang. Mit einem energischen »Aus« nehmen Sie mit der rechten Hand das Teil aus dem Maul. Mit dieser Übung muß schon beim Welpen begonnen werden.

TIP

Unterscheiden Sie zwischen »Aus« und »Pfui«. Verwenden Sie das Wort »Pfui«, wenn Ihr Hund eine Aktion unterlassen soll; »Aus«, wenn er etwas hergeben soll.

An der Leine gehen: So ist es perfekt!

An der Leine gehen

Haben Sie auch schon des öfteren beobachtet, daß der Hund mit Herrchen oder Frauchen spazierengeht? Eigentlich sieht es doch umgekehrt besser aus... Jedes Ziehen beim Gehen an der Leine muß von Anfang an vermieden werden. Hat sich der Hund einmal daran gewöhnt, ist es fast aussichtslos, ihm das abzugewöhnen.

Für den Welpen ist es beim Spaziergang zu Beginn besser, ein Geschirr zu benützen, als ständig an seinem Hals zu zerren. Zum Üben benützt man dann allerdings wieder Halsband und Leine. Damit auch diese ungewohnte Situation wieder mit etwas Positivem in Verbindung gebracht wird, legt man Halsband und Leine für den Anfang beim Fressen an. Mit hängender Leine darf der Welpe auch mal durch die Wohnung laufen. Vorsicht, daß der Kleine nicht irgendwo hängenbleibt! Nahtlos geht man zur nächsten Stufe über: Man nimmt die Leine auf und folgt dem Welpen mit durchhängender Leine. Achten Sie hier schon darauf, daß Sie sich rechts von ihm befinden.

Der nächste Schritt, Tage später, ist folgender: Befehlen Sie freundlich das Kommando »Fuß«, wobei Sie wiederum ein Leckerli in der linken Hand halten, in Höhe Ihres Knies und in Nasenhöhe des Hundes. Der Hund läuft korrekt bei Fuß, wenn sich seine Schulter an Ihrem linken Knie befindet. Die Leine muß genügend durchhängen.

Jede Abweichung wird mit einem energischen »Pfui« korrigiert. Es folgt dann ein neuer Befehl mit freundlichem »Fuß«. Geht der Hund korrekt am linken Knie, muß automatisch Ihr Lob folgen.

Klappt dies im Hause ohne Ablenkung einwandfrei, wird die ganze Aktion nach draußen verlegt.

Freifolge

Das Gehen bei Fuß muß sicher befolgt werden, bevor mit dieser Übung begonnen werden kann. Hierbei muß beachtet werden, daß sich die Schulter des Hundes, wie beim Gehen bei Fuß, am linken Knie des Menschen befindet. Üben Sie die ersten Male ohne Leine nur ohne Ablenkung und nur kurze Strecken. Die Dauer wird dann Schritt für Schritt verlängert. Das Lob, eventuell mit einem Leckerli, beendet die

Hier klappt es schon ohne Leine.

Übung. Zur Motivation gehört danach auch ein gemeinsames Spiel.

Alleinbleiben

Hin und wieder machen es die täglichen Umstände unumgänglich, daß Ihr Hund auch einmal ein paar Stunden alleine bleiben muß. Üben Sie auch diese ungewohnte Situation mit Ihrem kleinen Berner.

Natürlicherweise würde das Rudel die Welpen nie verlassen, dies würde einem Todesurteil gleichkommen. Verlassen Sie daher anfangs nur kurzzeitig das Zimmer. Ist der kleine Berner ruhig gewesen, wird er gelobt. Dann steigert man stufenweise von fünf Minuten bis zu einer halben Stunde, wobei Sie sich in der ersten Zeit nur vor die Haus- bzw. Wohnungstür begeben.

> **TIP**
> *Verkürzen Sie Ihrem Berner die Zeit mit einer Kaustange oder einem Büffelhautknochen. Ein T-Shirt oder eine alte Jacke mit Ihrem Geruch zum Bewachen macht die Sache für Ihren Hund wichtig.*

Verlassen Sie ohne großes Aufsehen den Raum. Verhält sich der junge Hund ruhig, kommen Sie nach kurzer Zeit zurück und loben ihn ausgiebig. Sollte er jämmerlich weinen, war es für diese Übung noch zu früh. Man übt dann zwei Wochen später auf die gleiche Weise. Nützen Sie auf jeden Fall für Ihr Zurückkommen einen Augenblick, wenn der Welpe sich ruhig verhält.

Gut sozialisierte Berner, die eine vertrauensvolle Beziehung zu ihren Menschen haben, bleiben problemlos vier bis fünf Stunden allein.

Täglich Üben

Oberstes Gebot bei allen Lernübungen ist liebevolle Konsequenz. Jede Übung wird durch Sie wieder aufgehoben. Am Anfang liegt die Lernzeit im Sekundenbereich und wird mit einem positiven Erlebnis beendet. Dann ist ausgiebiges Spielen angesagt.

Welpen sind schnell überfordert, aber auch ältere Hunde verlieren die Freude am Lernen, wenn sie Befehle bis zur »Unlust« ausführen müssen. Es sollte daher wohl täglich geübt werden; die Aktionen müssen aber spannend und abwechslungsreich gestaltet sein. Ihr Hund soll jedem Befehl freudig folgen. Jede Art von Drill wirkt dem entgegen.

Hat Ihr Berner alle die beschriebenen Übungen mit Ihnen fleißig gelernt und werden die Befehle auch ohne Leine ausgeführt, dann sind die Grundlagen zur Begleithundprüfung bereits geschaffen (Seite 76). Mit liebevoller Konsequenz ist das für unseren gelehrigen Berner kein Problem und wird freudig ausgeführt.

TIP

Das Verhältnis zwischen Mensch und Hund muß immer von Vertrauen geprägt sein. Härte wirkt dem entgegen; konsequente Erziehung schafft Vertrauen. Ein Berner braucht klare Linien. Er muß immer wissen, daß Sie sagen, wo es langgeht. Liebevolle, konsequente Erziehung ist der richtige Weg.

Autofahren

Normalerweise sind Berner Sennenhunde begeisterte Autofahrer. Wegen ihrer Größe und ihres Gewichtes sind sie am besten und sichersten im hinteren Teil eines Kombis aufgehoben. Auf jeden Fall sollte ein fest montiertes Gitter den Laderaum vom Fahrgastraum trennen. Beim schnellen Bremsen sind so Mensch und Hund weitgehend geschützt, der Hund wird nicht zum tödlichen Geschoß.

Hunde fahren leidenschaftlich gerne Auto, wenn sie einfühlsam daran gewöhnt wurden. Bemerken Sie, daß Ihr Welpe damit Probleme hat, weil er vor dem ungewohnten Geräusch, dem fremden Geruch, dem Schaukeln oder der Bewegung Angst hat, dann verfahren Sie wie folgt:

Setzen Sie Ihren Welpen auf den für ihn vorgesehenen Platz im Auto. Spre-

»Wir sind dabei, so oft es geht!«

TIP

Wird der Berner auf den Rücksitzen eines PKW mitgenommen, muß er in jedem Falle mit einem speziellen Hundesicherheitsgurt gesichert werden.

chen Sie beruhigend und freundlich mit ihm. Dabei bekommt er ein Leckerle. Die Autotür bleibt dabei offen, Sie fahren zunächst noch nicht.

Am nächsten Tag die gleiche Vorgehensweise, dabei bekommt er sein Futter im Auto. Schließen Sie die Autotür. Fahren Sie noch nicht weg.

Am nächsten Tag die gleiche Übung, starten Sie dabei das Auto und fahren Sie vorsichtig eine kurze Strecke. Eine Begleitperson ist in diesem Falle wichtig. Die Strecke wird am nächsten Tag verlängert und der Hund noch einmal im Auto gefüttert. So verknüpft Ihr Hund das Autofahren mit einer angenehmen Empfindung. Bald ist alles kein Problem mehr.

Ideal ist natürlich ein klimatisiertes Auto. Lüften Sie vor jeder Fahrt Ihren Wagen gut durch. Hin und wieder gibt es Hunde, die, ähnlich wie Kinder, lange Fahrten nicht vertragen. Hier sollten Sie vorher den Hund keinesfalls füttern und evtl. mit Reisetabletten vom Tierarzt helfend eingreifen.

Unarten abgewöhnen

NICHT HOCHSPRINGEN ▸ Ein ganz natürliches Verhalten bei Welpen und jungen Hunden ist das Hochspringen zur Begrüßung. Die Mutterhündin wird so von ihren Welpen willkommen geheißen. Gleichzeitig betteln die Kleinen auf diese Weise um Futter.

Wenn Sie gerade in Ihrer Ausgehkleidung feingemacht nach Hause kommen, ist diese Begeisterung Ihres Hundes natürlich nicht gefragt. Eine Möglichkeit, das Verhalten zu unterbinden, ist es, dem Hund die hochgestellte Hand entgegenzustrecken, zusammen mit dem Befehl »Pfui« oder »Nein«. Meist ist dies wenig wirksam und leichter gesagt als getan, wenn man gerade vom Einkaufen zurückkommt und die Hände voll hat.

In einigen Erziehungsbüchern wird auch der Rat gegeben, das Knie hochzuziehen und etwas vorzustrecken. So kann der Hund das Gesicht nicht erreichen, und gegen das Knie zu stoßen, ist ihm unangenehm. Etwas schwieriger, wenn Sie zierlicher sind und Ihr Hund schon relativ groß ist...

TIP

Eine schonende und ganz neue Methode ist, das Verhalten einfach zu ignorieren und sich wegzudrehen. Augenkontakt und jeglicher Kommentar sollten hier vermieden werden. Der Hund wird erst begrüßt, wenn er manierlich sitzt. Probieren Sie aus, welche Methode für Ihren Berner die richtige und wirksam ist.

SACHEN ZERKAUEN ▸ Das normale Kaubedürfnis des Berners stillt man, indem man ihm Kauknochen oder Büffelhautknochen anbietet. Tauschen Sie sozusagen gegen diese Dinge, wenn er etwas Unerwünschtes im Maul hat. Erklären Sie dabei das weggenommene Stück zum »Tabu«.

NICHT BETTELN ▸ Handeln Sie nach dem Motto: »Was er nicht weiß, macht ihn nicht heiß!« Vermeiden Sie es also,

Das Handzeichen für »Bleib« im Sitz.

Ihrem Hund jemals etwas vom Tisch abzugeben. Alles, was er bekommen kann, muß über seine Futterschüssel gegeben werden. Er darf bei der Tischrunde dabeisein, jedoch im gehörigen Abstand daneben. Erlauben Sie kein Spiel oder neben dem Tisch zu stehen. Nichts ist unangenehmer, als wenn Ihre Gäste von einem sabbernden und bettelnden Hund belästigt werden. Bleiben Sie hier hart und erlauben Sie keine Ausnahmen.

Sie können Ihren Berner auch vor dem Familienmahl füttern. Dominante Tiere bekommen ihr Futter jedoch grundsätzlich danach.

▸ Begleithundprüfung

Das erste große Ziel ist die Begleithundprüfung. Sie wird in Hundesport-Vereinen, die dem dhv (Deutscher Hundesport Verband e. V.) angegliedert sind, von einem Leistungsrichter abgenommen. Dazu ist die Mitgliedschaft in einem dieser Vereine erforderlich; Übungstage, wenigstens zweimal pro Woche, sind einzuplanen.

Ihr Hund hat sicher an der Begegnung mit Hunden anderer Rassen seine Freude. Kontakte zu anderen Hundebesitzern werden Ihnen zeigen, daß »alles« zu erlernen ist und »manches« eben auch Zeit braucht.

Hundesportplätze, wo militärischer Drill und unnötige Härte zum Handwerk gehören, sind für unsere Berner ungeeignet. Wie schon öfter angesprochen, erzieht man einen Berner mit liebevoller Konsequenz. Spaß und Freude an der Bewegung und die Kommunikation mit anderen Hunden und ihren Menschen sollen immer im Vordergrund stehen.

Ich selbst halte auch das ständige Gebrüll, das auf manchen Hundeplätzen üblich ist, für unnötig, ja sogar schädlich. Zum einen gewöhnt sich Ihr Hund an den zu lauten Ton, was zur Folge hat, daß auch ganz normale tägliche Befehle irgendwann nur noch im lauten Befehlston ernstgenommen werden. Zum anderen muß unseren Hunden, deren Gehör dem der Menschen um ein Vielfaches überlegen ist, dies überhaupt nicht zugemutet werden. Ist es nicht auch viel überzeugender, wenn Ihr Berner bei einem ruhigen, freundlichen Befehl diesen auch freudig ausführt und erkennen läßt: »Ich habe Dich verstanden und folge Dir gerne!«?

Die Prüfungsordnung zur Begleithundprüfung erhalten Sie bei Ihrem Verein. Die BH-Prüfung gehört heute zum selbstverständlichen Rüstzeug für einen wohlerzogenen Berner. Der Nachweis wird in einem dhv-Leistungsheft eingetragen.

Wußten Sie schon?

Mittlerweile hat auch der Schweizer Sennenhund Verein für Deutschland eine speziell für unsere Sennenhunde zugeschnittene Prüfungsordnung im Einvernehmen mit dem dhv erstellt. Diese umfaßt die Gehorsamsprüfung der Stufen 1 bis 4, jedoch ohne Schußtauglichkeitsprüfung. Da Berner Sennenhunde nicht zu den Gebrauchshunderassen gezählt werden, ist dies auch nicht nötig. Bei der BH-Prüfung des dhv ist sie jedoch gefordert.

Team-Test

Der Team-Test ist ähnlich aufgebaut wie eine BH-Prüfung, jedoch ist der Teil zur Verkehrstauglichkeit wesentlich erweitert. Auf den Schuß wird auch hier verzichtet. Eine Mitgliedschaft im Verein ist nicht erforderlich, als Nachweis erhält man eine Urkunde.

Haben Sie nun mit Ihrem Berner besonders viel Freude am Hundesport gefunden und stellt sich Ihr Berner als besonders gelehrig und intelligent heraus, dann stehen ihm und Ihnen noch viele Möglichkeiten offen.

Berner jagen nicht?

Jeder Hunde-Vorfahr in grauer Vorzeit, der nicht seinem Jagdinstinkt gefolgt ist, war unweigerlich zum Tode verurteilt. Es liegt daher in der Natur des Hundes, alles, was flüchtet und wegläuft, interessant zu finden: Hasen, Rehe und alles Niederwild sind Fluchttiere und Beutetiere für Jäger. Also ein Garant zum Überleben!

Sennenhunde sind Hütehunde und seit Generationen zum Bewachen und Hüten geprägt. Ihr Jagdinstinkt ist aus diesem Grunde wenig ausgeprägt. Doch wer meint, er sei überhaupt nicht zu finden, der irrt. Verlassen Sie sich nicht auf das jagdliche Desinteresse Ihres Vierbeiners! Rechtzeitige erzieherische Maßnahmen machen aus den Bernern mit Interesse am Wild beinahe Musterschüler in Feld und Flur.

Einander verstehen lernen

Ihr Berner wird bemüht sein, Sie so schnell wie möglich verstehen zu lernen. Nicht nur die Kommandos wird er begreifen lernen. Er lernt aus Ihrer Gestik, Mimik, dem Ton Ihrer Stimme, dem Umgangston seiner Menschen miteinander. Er spürt, ob Sie ärgerlich, fröhlich oder traurig sind. Als sozialer Partner und Familienmitglied lernt Ihr Hund ganz schnell, welcher »Wind im Hause weht«.

Mit Ihrem alten Hund wird es keiner vielen Worte mehr bedürfen. Ihr Hund weiß, wann es zum Einkaufen geht und wartet schon am Gartentor, um Sie zu begleiten. Er hebt aber nicht mal den Kopf, wenn bei Ihnen ein Theaterbesuch ansteht.

TIP

Lernen und zeigen kann der Berner seine Anhänglichkeit und Familienverbundenheit nur, wenn er auch mit seinem Rudel, den Menschen, zusammenleben darf. Tiere, die nur im Zwinger leben müssen oder häufig abseits der Familie gehalten werden, können eine solche Verbundenheit nicht zeigen. Daß diese Haltungsbedingungen auch negative Auswirkungen auf das Wesen der Hunde haben, ist möglich.

Damit auch Sie Ihren Vierbeiner besser verstehen können, sollte es Ihnen ein Anliegen sein, die Körpersprache Ihres Hundes kennenzulernen. Ihr Berner hat viele Möglichkeiten, sich auszudrücken. Einiges lernt man im Laufe der Jahre wie von selbst; verschiedene Ausdrucksformen sollten Sie vorher schon kennen, damit Sie wissen, was Ihr Welpe meint.

Ihr Hund bellt nicht nur, er spricht mit seiner Stimme zu Ihnen. Unendlich viele Zwischentöne liegen in seinen Lauten. Freundlich begrüßend, bittend, warnend. Machen Sie sich ruhig die Mühe, die Unterschiede zu erkennen.

Eifriges Schwanzwedeln bedeutet freudige Begrüßung, signalisiert Kontaktaufnahme. Ein unterwürfiges Tier wedelt mit leicht gesenktem Schwanz. Hingegen wird ein dominanteres Tier den Schwanz hoch erhoben tragen. Jeder Hund hat auch einen für ihn typischen Eigengeruch. Eifriges Schwanzwedeln läßt diesen Geruch intensiver verströmen. Ein eingeklemmter Schwanz bedeutet Angst, Unsicherheit und Unterwerfung. Tiere, die unter starkem Druck oder Streß stehen, zeigen dieses Verhalten.

Wenn Ihr Vierbeiner mit beiden Vorderbeinen am Boden liegt, während sein Hinterteil hoch erhoben ist, fordert er Sie zum Spielen auf. Es bedeutet immer: »Spiel mit mir, beschäftige dich mit mir!« Auch Hunde untereinander signalisieren so ihre Aufforderung zum gemeinsamen Spiel.

Mit Hecheln reguliert Ihr Hund seine Körpertemperatur. Er hechelt also um so mehr, je heißer es draußen ist, je schneller er gelaufen ist. Hecheln ist sein Abkühlmechanismus.

Warum verstecken unsere Hunde so gerne ihre Knochen? Dies ist ein Überbleibsel aus wölfischer Zeit. Hatten die Wolfsrudel früher mal das Glück, ein größeres Tier zu erjagen, konnte die Mahlzeit nicht auf einmal vertilgt werden. Die Reste vergruben sie in der Erde, um sie vor anderen Wildtieren zu verbergen und selbst für schlechtere Zeiten gerüstet zu sein. Dieses instinktive Verhalten steckt auch noch in unseren Bernern.

Warum läßt sich Ihr Berner Rüde so gerne die Brust kraulen? Dies hat mit dem Sexualverhalten unserer Hunde zu tun: Besteigt ein Rüde eine Hündin, berührt seine Brust den Rücken der Partnerin. Durch die rhythmische Bewegung während des Deckens sind das angenehme Empfindungen für Ihren Rüden. Nützen Sie dies, wenn Sie Ihren Hund besonders loben möchten.

Rüden heben oft ihr Bein, ohne nur die Blase entleeren zu wollen. Sie kennzeichnen hierdurch vielmehr ihr Revier und sagen etwaigen Konkurrenten: »Bleib weg, dies ist mein Reich!«

Desgleichen setzen sich Hündinnen während der Läufigkeit besonders häufig. Sie hinterlassen dabei ihre individuelle Duftmarke. Eine Botschaft für die Rüden in der Gegend: »Bald ist es soweit, dann bin ich paarungsbereit!«

TIP

Die Haltung der Ohren läßt über die Stimmungslage unserer Berner viel erkennen – zugegebenermaßen nicht ganz soviel wie bei Rassen mit Stehohren. Aber wer seinen Hund kennt, weiß: vorgekippte Ohren zeigen Interesse, Neugierde und freundliche Gesinnung. Angelegte Ohren, die auch nach hinten gelegt sind, zeigen Ängstlichkeit, Vorsicht, Unsicherheit und Unwilligkeit.

Flegelalter

Ab dem 6. bis 7. Lebensmonat macht Ihr Berner eine Entwicklungszeit durch, die man auch die Halbstarkenzeit nennen könnte. Er versucht, seinen »Kinderschuhen« zu entwachsen. Bei Spaziergängen wird er seinen Erkundungsradius erweitern wollen. Plötzlich werden Befehle, die zuvor einwandfrei befolgt wurden, nicht mehr akzeptiert. Er zeigt eindeutig einen Starrkopf.

Das ist ein ganz normaler Vorgang auf dem Weg zum Erwachsenwerden. Diese Entwicklungsphase kann unterschiedlich stark ausgeprägt sein. Meist ist sie beim Rüden noch etwas stärker spürbar als bei der Hündin. Ihr Hund will und muß nun seine Grenzen kennenlernen. Es ist wichtig, daß Sie auch während dieser Zeit konsequent Ihr Erziehungsziel verfolgen. Bleiben Sie ruhig, aber sehr bestimmt. Die Gehorsamsübungen sollten in dieser Zeit zum Tagesprogramm gehören. Nach einiger Zeit hat Ihr Hund wieder verstanden, wo sein Platz in der Familie ist und wer den Ton angibt.

Pubertät

Noch vor Erreichen des ersten Lebensjahres macht Ihr Berner auch die Entwicklung zur Geschlechtsreife durch. Bei Hündinnen beginnt diese Zeit meist mit dem 8. Lebensmonat. Der Rüde kommt etwas später in die Pubertät. Es ist möglich, daß Ihnen vollkommen fremde Wesensmerkmale bei Ihrem Hund auffallen. »Das macht er doch sonst nicht«, hört man in dieser Zeit häufig von den Hundebesitzern. Sein seelisches Gleichgewicht kann in dieser Zeit etwas aus den Fugen geraten sein. Eher zurückhaltende Hunde werden plötzlich zu kleinen Draufgängern – oder sie entwickeln ungewöhnlich ängstliches Verhalten, das vorher nie von ihnen gezeigt wurde.

Mit Abschluß des Reifewachstums ist auch dieses Verhalten vorüber. Bei der Hündin ist dies nach der ersten Läufigkeit der Fall. Dann ist auch das Größenwachstum weitgehend abgeschlossen. Kopf- und Brustausformung werden sicher im Laufe der Zeit noch zunehmen.

Beim Rüden verläuft der Reifeprozeß etwas langsamer. Jedoch wird auch hier das Größenwachstum mit dem ersten Lebensjahr abgeschlossen sein. Aber in seiner vollen, imposanten Erscheinung zeigt sich ein Berner Rüde erst nach seinem dritten Lebensjahr. Bis dahin kann sich seine Kopfausformung noch verändern und die Brustausformung nimmt noch an Volumen zu. Nach drei Jahren zeigt sich Ihr Berner Rüde dann in seiner ganzen Pracht.

Freizeitpartner Berner Sennenhund

Freizeitpartner Berner Sennenhund

Sport, Spiel und Spaß, gemeinsame Aktivitäten verbinden und bringen Freude. Für Ihren Berner heißt das sinnvolle Beschäftigung und Anerkennung.

Folgende Ausbildungsmöglichkeiten stehen Ihnen offen: Sanitätshund, Rettungshund, hier besonders zur Flächensuche, Lawinensuchhund und, um einen neuen Weg vorzustellen, zum Therapiehund.

Therapiehund

Voraussetzungen zur erfolgreichen Arbeit als Therapiehund sind die Ausgeglichenheit des Wesens beim Hund sowie Freude an sozialem Engagament bei seinen Menschen.

Was ist die besondere Aufgabe eines Therapiehundes? Hunde und ihre Menschen bringen behinderten, kranken oder betagten Mitmenschen Abwechslung und Freude in ihren oft monotonen und freudlosen Alltag. Der Therapiehund ist auch sehr oft der »Mitarbeiter« von Fachkräften in sozialen, pädagogischen und medizinischen Bereichen.

Hunde haben keinerlei Berührungsängste, sie kennen keine Vorurteile. Sie wollen gestreichelt, berührt und gefüttert werden. Diese ungewohnten liebevollen Kontakte zu den Menschen, die nicht auf der Sonnenseite des Lebens stehen, lassen oft das Eis brechen und lösen eine Vielzahl von seelischen und körperlichen Reaktionen aus. Schon die Freude an den Hunden, das Gefühl von Zärtlichkeit, etwas geben zu dürfen, bringt diesen Menschen ein Ge-

Berner sind einfühlsame und geduldige Therapiehunde.

fühl des Verstandenwerdens und kann durch dieses Wohlbefinden eine therapeutische Wirkung entfalten. Oft bewirken die positiven Nebeneffekte eine Verbesserung des Sprachvermögens und der Motorik.

Wenn ein Therapiehund eine Institution betritt, kann vieles geschehen. Das Personal ist entspannter; bei den Kranken, Alten und Behinderten kommt Freude auf, und auch das Gefühl des Gebrauchtwerdens. Ein Hund ist auf Menschen angewiesen, er will umsorgt sein.

Daß für diese Aufgabe nicht alle Berner mit ihren Menschen geeignet sind, liegt in der Natur der Sache. Aber gerade Berner mit ihrem ausgeglichenen Wesen können einer solchen Aufgabe gewachsen sein. Wie schön und befriedigend für die dazugehörenden Menschen, hier wirklich helfen zu können!

TIP

Die weltweit intensivste und anspruchvollste Ausbildung und Prüfung für Menschen und Hunde, die in der tiergestützten Therapie tätig sein möchten, hat der von der Kynologin Ursula Sissener 1994 in der Schweiz gegründete Verein »Therapiehunde Schweiz« (VTHS) erarbeitet und in die Praxis umgesetzt. Die Kurse in der Schweiz sind lange im voraus ausgebucht. In Deutschland arbeiten einige lizensierte Trainerinnen, die nach den Vorgaben des VTHS in der Schweiz ausgebildet und geprüft wurden.

Rettungshund

Berner Sennenhunde werden auf Grund ihrer charakterlichen Eigenschaften auch zum Rettungshund aus-

Quintus trainiert mit Freude für die Rettungshundprüfung.

Trotz Spaß, Freude und viel Kondition bei beiden – mit einem 50 kg schweren Hund ist dies nicht ganz leicht zu schaffen!

gebildet. Diese Ausbildung ist sehr anspruchsvoll und erfordert eine besonders enge Bindung von Mensch und Hund. Jeder, der diese Ausbildung beginnt, muß sich darüber im klaren sein, daß viel Geduld und vor allen Dingen viel Zeit erforderlich sind. Mindestens zweimal wöchentlich sind Übungsstunden bzw. Training einzuplanen. Fortwährendes Üben des Grundgehorsams muß zusätzlich erfolgen.

Der Hund sollte neugierig, aufgeschlossen und spielfreudig sein. Er darf jedoch nicht zu forsch sein; Draufgänger sind unerwünscht. Schußfestigkeit ist eine der Voraussetzungen für die Rettungshundausbildung. Um auch ungewöhnliche Situationen meistern zu können, ist unbedingtes volles Vertrauen zum Menschen erforderlich.

Hat der Welpe in seiner Prägephase schon viele verschiedene Umwelteinflüsse kennenlernen können (Welpenspieltage), hilft ihm dies bei der RH-Ausbildung enorm. Das Laufen über Roste, Wippen, Gatter und Gerüste sowie unebenen Untergrund ist beim Training Tagesprogramm. Der Hund darf außerdem keine Angst vor Wasser und Feuer haben. Er muß in allen Situationen ein verläßlicher Partner sein. Von seinem Verhalten und dem seines Führers hängt im Ernstfall ein Menschenleben ab.

Die charakterlichen Voraussetzungen beim Menschen sind unbedingte Ruhe und Gelassenheit sowie eine sportliche Eignung. Vor der Rettungshundausbildung muß eine Eignungsprüfung abgelegt werden. Dies ist ab dem zwölften Lebensmonat des Hundes möglich; sie

kann nicht wiederholt werden. Danach folgt eine Vorprüfung. Sie ist frühestens ab dem 16. Monat möglich. Die Rettungshundprüfung »Fläche« darf ab dem 16. Monat abgelegt werden. Ab dem 24. Monat kann die Rettungshundprüfung »Trümmer« erfolgen.

Ein Rettungsteam bildet eine Einheit. Ein Teil davon kann nicht ausgetauscht werden. Kommt ein anderer Partner – ob Mensch oder Hund – dazu, muß wieder eine Eignungsprüfung abgelegt werden. Eine Schutzhundausbildung darf ein Rettungshund bei manchen Organisationen nicht haben!

Engagement und Verantwortung

Vom Hundeführer werden eine Ausbildung in Sprechfunk und Kartenkunde sowie ein Erste-Hilfe-Kurs für Mensch und Hund verlangt. Einsatzwille und viel Zeit sind neben all diesen Voraussetzungen eine der Bedingungen. Ein ausgebildetes Rettungsteam (Mensch und Hund) muß im Ernstfall Tag und Nacht in Bereitschaft sein. Mit dem Ablegen der Endprüfung, die jedes Jahr wiederholt werden muß, verpflichten Sie sich dazu.

Fährtenarbeit

Die Fährtenarbeit ist ein Teil der Ausbildung zum Schutzhund. Diese wird für Berner allerdings nur im Ausnahmefall empfohlen. Es gibt jedoch auch eine Fährtenhundausbildung, die auf der Begleithundausbildung aufbaut und mit einer eigenen Prüfung abschließt.

Das Auffinden einer zuvor gelegten Fährte macht Bernern viel Spaß. Das Nasentier Hund muß zuvor ausgelegte Gegenstände mit seiner Nase erschnüffeln. Durch Sitzen oder auch Stehenbleiben wird der Gegenstand vom Hund anzeigt, ohne daß er ihn aufnimmt.

Es gibt verschiedene Stufen der Fährtenarbeit, die man mit einer von einem Leistungsrichter abgenommenen Prüfung erreicht.

Sportliche Betätigungen

Ein ausgesprochener Leistungssportler ist unser Berner sicher nicht. Doch auch unsere Hunde brauchen eine sinnvolle Beschäftigung und haben Freude an der Bewegung. Je nach der Konstitution Ihres Berners sind verschiedene sportliche Aktivitäten möglich. Hin und wieder werden tolle Leistungen bekannt. Das Motto sollte immer sein: mit Spaß und Freude dabei!

▶ Turnierhundsport

Diese Sportart wird als Mannschafts- oder Einzelwettkampf durchgeführt und erfordert bei Mensch und Hund ein hohes Maß an Kondition. In jedem Fall muß unser Berner bereits ein Jahr alt und topfit sein.

Muskeln, Sehnen und Bänder der etwas behäbigeren Berner werden beim Turnierhundsport stark belastet; die Verletzungsgefahr ist groß. Sie sollten daher, wenn überhaupt, nur mit sportlichen Bernern, die gut trainiert sind, diese Sportart ausüben.

Die einzelnen Sparten des Turnierhundsports sind der Vierkampf, welcher Hürdenlauf, Slalom, Hindernislauf und eine Gehorsamsübung umfaßt, sowie Geländeläufe, die über 2.000 und 5.000 Meter durchgeführt werden. Zusätzlich gibt es noch einen Kombinationswettkampf, bei dem neben Geschicklichkeit auch die Zeit bewertet wird. Die einzelnen Sparten sind in Altersklassen eingeteilt.

▶ Agility

Seinem wendigeren Bruder, dem Entlebucher Sennenhund, ist der Berner beim Agility sicher unterlegen. Über Hürden zu springen und durch Tunnels zu kriechen sowie einen Slalomlauf auf Zeit zu absolvieren, kommt den körperlichen Gegebenheiten eines Berners nicht unbedingt entgegen. Gehört Ihr Hund zu den eher gemütlichen Typen, sollten Sie es ihm nicht zumuten. Ist er ein sportlicher Vertreter seiner Rasse und sind Sie auch nicht böse, im Wettkampf der Letzte zu sein, kann diese Sportart versucht werden. Übermäßige Sprünge sollten allerdings vermieden werden.

▶ Mobility

Dies ist eine Hundesportart, die den größeren und etwas schwereren Hunderassen angepasst ist. Tunnels, kleinere Hürden und ein Slalomparcours sind hier – wie bei Agility – zu überwinden.

Alle Geräte sind in etwas größerem Abstand aufgestellt und sind somit den sportlichen Möglichkeiten schwererer Rassen angepaßt. Die nicht ganz so wendigen Berner werden dann nicht überfordert und die Gelenke geschont. Alles läuft ohne Stoppuhr und aus Freude am sportlichen Miteinander.

»Siehst Du das gleiche wie ich? Überall Schnee!«

Wagenziehen

Die Ausbildung knüpft an die Verwendung und die ursprünglichen Aufgaben unserer Berner an, als sie noch Dürrbächler hießen. In früherer Zeit brachten sie die Milch, ein kostbares Gut der Schweizer Bauern, zur nächsten Käserei. Auch einfache Lasten von Hof zu Hof zu transportieren, gehörte zur täglichen Arbeit unserer Hunde.

Heute ist das Ziehen von Wägelchen eine sinnvolle Beschäftigung für unsere meist etwas unterforderten Vierbeiner, die ihnen viel Freude bringt. Erforderlich dafür ist ein gut sitzendes, speziell für Ihren Hund angefertigtes Geschirr sowie ein angepaßtes »Wägele«. Die Reifen des Wagens sollten mit Luft gefüllt sein, damit er leicht und gut rollt.

TIP

Die zuständigen Fachleute der Vereine beraten Sie gerne, wo und wann die Ausbildung zum Wagenziehen stattfindet. Beginnen Sie diese Ausbildung nur mit einem ausgewachsenen und gesunden Berner Sennenhund.

Für uns drei die schönste Stunde des Tages.

Spazierengehen

Das gehört zu den schönsten Beschäftigungen für einen Berner Sennenhund. Mit seinen Menschen durch Wald und Feld zu streifen, ist der reine Genuß für ihn. Täglich wenigstens eine Stunde sollte immer möglich sein!

Wandern

Auch an Wanderungen durch Berg und Tal wird der Berner an Ihrer Seite seine Freude finden. Hier wird er als angenehmer Begleiter zeigen, was in ihm steckt. Kein ungestümer Irrwisch, kein auf das Jagen erpichter Draufgänger, wird er die Ausflüge auch ohne Leine genießen. Immer jedoch ist er darauf bedacht, daß sein »Rudel« zusammenbleibt und keiner verlorengeht.

Schwimmen

Es gibt Berner, die mit Begeisterung schwimmen und Stöckchen aus dem Wasser holen. Wenn Sie einen Badesee ausfindig machen, wo auch Hunde erlaubt sind, wird die Freude Ihres Berners keine Grenzen finden.

Zusammen mit seinem Menschen zu schwimmen, ist in der warmen Jahreszeit Abkühlung und Freizeitspaß zugleich. Achten Sie darauf, daß Ihr Hund sich nicht zu weit vom Ufer entfernt. Er muß die Strecke auch problemlos wieder zurückschwimmen können.

Haben Sie es allerdings in der Prägephase Ihres Hundes verpaßt, ihn mit dem nassen Element vertraut zu machen, kann es durchaus sein, daß er auch in Zukunft um jede Pfütze und jeden Teich einen weiten Bogen macht.

Laufen an Pferd und Rad

Ausdauersportler und Langstreckenläufer sind Berner Sennenhunde nicht.

Langstreckenläufer sind Berner Sennenhunde nicht. Im ersten Lebensjahr ist Radfahren verboten! Danach nicht überfordern und die kühlere Jahreszeit nützen.

Fit für den Sport?

- ☐ Ist Ihr Berner gesund?
- ☐ Sind ED und HD kein Thema für ihn?
- ☐ Ist nach dem Impfen und nach der letzten Wurmkur wenigstens eine Woche vergangen?
- ☐ Ist Ihr Hund bereits ein Jahr alt?
- ☐ Ist Ihr Hund nicht zu dick und nicht zu dünn?
- ☐ Ist er in bester körperlicher Verfassung?
- ☐ Hat er den Gesundheits-Check beim Tierarzt erfolgreich absolviert?

Alle Fragen mit ja beantwortet? Dann auf die Plätze, fertig und los!

Beachten Sie die körperliche Konstitution Ihres Hundes! Einem schweren und massigen Typ sollten Sie diese Sportarten nicht zumuten. Jedoch kann ein wendiger, leichter Hund – vorsichtig antrainiert – Sie durchaus bei einer gemütlichen Radtour oder auch bei einem langsamen Ausritt im Schritt begleiten. Bei heißem und schwülem Wetter sollten Sie es ihm aber nicht zumuten.

Flyball

Das ist eine Sportart, für die Berner Sennenhunde nicht sehr gut geeignet sind. Aufgrund ihrer körperlichen Gegebenheiten sind die bei Flyball erforderlichen schnellen Stopps und Wendungen eine große Belastung für das Skelett. Die Verletzungsgefahr, z.B. ein Kreuzbandriß, ist durch diese Überbelastung sehr groß.

Wieviel Bewegung täglich?

Hier gibt es je nach Charakter und Eigenart Ihres Sennenhundes Unterschiede. Sie werden bald feststellen, wie bewegungsfreudig Ihr Berner ist. In den ersten drei Lebensjahren wird er Sie sicher mehr fordern; dann wird er eher ruhiger und gelassener. Seine Kondition ist dabei entscheidend. Aber immer sollte mit einem gesunden Berner eine Stunde täglich gelaufen werden.

Sehr beeinflußt wird die Bewegungsfreude von der Jahreszeit. Im Herbst und im Winter blühen Berner richtig auf. Dann ist Sennenhundwetter!

Abwechslung schaffen

Eine Fahrt zum Einkaufen, beim Spaziergang unbekanntes Gelände zu erkunden und mal andere Wege zu gehen, macht den Alltag spannend. Oder zur Abwechslung die Chefs an lauen Sommerabenden in den Biergarten begleiten. Das ist Abwechslung im täglichen Geschehen und allemal besser, als alleine zu Hause zu sein.

TIP

Es ist wichtig, daß die erste Autofahrt ohne Probleme verläuft. Jede weitere Fahrt wird dann für den Berner streßfrei und wie selbstverständlich verlaufen.

Im Urlaub

Wie herrlich, wenn Sie die schönsten Wochen des Jahres zusammen mit Ihrem vierbeinigen Kameraden ver-

Ein Berner in seiner ursprünglichen Heimat

bringen werden. Ein wohlerzogener Berner ist in vielen Hotels ein gerngesehener Gast. Ebenso gibt es in allen Erholungsgebieten Ferienwohnungen. Hier sind Hunde oft gern akzeptierte Begleiter. Melden Sie sich rechtzeitig mit Ihrem Berner an!

Südliche Länder sollten Sie in der heißen Jahreszeit jedoch meiden.

Für die Fahrt ins Ausland muß Ihr Hund eine gültige Tollwutimpfung vorweisen können. Denken Sie rechtzeitig daran. Die Impfung muß mindestes vier Wochen vor der Abreise erfolgt sein und darf nicht länger als ein Jahr zurückliegen. Manche Länder fordern auch besondere gesundheitliche Vorkehrungen. Über die jeweils gültigen Bestimmungen klärt Sie das für Ihren Wohnort zuständige Veterinäramt, Ihr Tierarzt, der ADAC oder das Konsulat des Reiselandes auf.

Die Reise im Sommer sollte in die frühen Morgenstunden oder in die Abendstunden verlegt werden. Dann schläft Ihr Berner meist gemütlich auf seinem Platz im Auto, und die Reise bedeutet für alle weniger Streß. Das bereits erwähnte feuchte T-Shirt hilft dem Hund auch hier wieder, wenn die Fahrt doch bis in die wärmere Tageszeit andauern sollte.

Reisegepäck für den Berner

- Schlafdecke
- Wasser- und Futterschüssel, Wasserflasche
- gewohntes Futter, Kauknochen, Leckerli
- Kamm, Bürste, Pinzette, Zeckenzange
- kleine Reiseapotheke
- täglich benötigte Medikamente
- Lieblingsspielzeug
- Leine und Halsband mit Adreßkapsel mit Ferien- und Heimatadresse sowie beiden Telefonnummern
- Impfpaß und gegebenenfalls Gesundheitszeugnisse
- eventuell ein Maulkorb

Gehört Ihr Hund zu den Zeitgenossen, die lange Autofahrten schlecht vertragen? Dann fragen Sie Ihren Tierarzt nach einem Mittel gegen Reisekrankheiten. Planen Sie auch Pausen ein, damit Ihr Berner sich regelmäßig an der Leine etwas bewegen und lösen kann. So wird Ihr Vierbeiner die Reise unbeschadet überstehen.

Für die Urlaubszeit ist natürlich Fertigtrockenfutter die einfachste und sicherste Fütterungsart. Testen Sie schon Wochen vorher, ob Ihr Hund das Futter auch gut verträgt und akzeptiert. Nichts ist schlimmer als eine Magen-Darm-Verstimmung Ihres Lieblings im Urlaub. Vorsichtshalber sollten Sie sich vom Tierarzt ein Medikament gegen Durchfallerkrankungen mitgeben lassen.

Eine große Thermoskanne mit frischem Wasser ist für die Reise praktisch.

Vergewissern Sie sich im Vorfeld, daß Ihr Berner am Urlaubsort auch willkommen ist, dann steht der schönsten Zeit im Jahr nichts mehr im Wege.

Erleben Sie, wie Ihr Hund diese intensive Zeit mit Ihnen und der ganzen Familie zusammen genießt! Endlich haben alle gemeinsam Zeit, um ausgiebig zu wandern, zu spielen oder auch zu schwimmen. Übertreiben sollte man in den ersten Tagen aber nichts. Auch Ihr Berner könnte bei zu langen Spaziergängen und Wanderungen Muskelkater bekommen – besonders, wenn er stundenlanges Bergsteigen und Wandern nicht gewohnt ist. Hin und wieder eine Pause tut Mensch und Hund gut.

Sicher viel Spaß für alle können auch Ferien an der See machen. Hier wurde schon mancher Hund zur Wasserratte.

Lassen Sie Ihren Hund – aus Rücksicht auf andere Feriengäste und ihn selbst – nicht alleine im Zimmer oder im Ferienhaus zurück. Etwas Zeit zum Eingewöhnen muß er schon haben. Sonst verderben vielleicht ein anhaltendes Hundekonzert oder angenagte Stuhlbeine gleich die erste Urlaubsfreude. Mit der richtigen Einstellung

TIP

Meiden Sie südliche Urlaubsländer, in denen gefährliche Borrelien auftreten können.

»Endlich Urlaub – und ich bin dabei!«

zu unseren Hunden und unseren Mitmenschen wird diese Zeit allen in guter Erinnerung bleiben.

Sollte es einmal unumgänglich sein, daß Sie ohne Ihren Vierbeiner verreisen müssen, dann ist es immer eine der besten Möglichkeiten, daß ein lieber Hundefreund bei Ihnen zu Hause einzieht und Ihren Berner versorgt. So kann er in seiner gewohnten Umgebung bleiben. Auf seine Menschen verzichten zu müssen, ist so sicher eine Weile gut zu ertragen. Hundepension oder gar Tierheim sollten immer die letzte Möglichkeit sein.

Hinterlassen Sie in allen Fällen einen Futter- und Pflegeplan, gewohntes Futter, Ihre Urlaubsanschrift sowie Adresse und Telefonnummer Ihres Tierarztes.

Berner Sennenhunde züchten

Berner Sennenhunde züchten

▸ Überlegungen vorab

Ohne Zweifel, Hundebabys sind drollig und rühren an unser Herz. Aber nie, niemals darf dies ein Grund sein, eine Hündin belegen zu lassen. Es gibt genug Hundeelend auf dieser Welt. Zu bloßen Hundevermehrern dürfen wir uns nie zählen.

»Wir beide beschäftigen unsere Familie rund um die Uhr.«

Hundezucht erfordert fundierte Kenntnisse in Genetik und kynologischen Sachverstand. Sie erfordert Zeit, Hingabe, Geduld und den nötigen Platz. Welpen sind erfinderisch, ausdauernd und entdeckungsfreudig. Ein gepflegter Garten und ein liebevoll angelegter Rasen sind schnell zur Spielwüste umfunktioniert.

Mit Welpenaufzucht verdient man kein Geld und wird schon gar nicht reich. Die Grundausstattung zur Welpenaufzucht kostet einiges. Die Hündin benötigt in der Zeit der Trächtigkeit hochwertiges Futter und vermehrte Aufmerksamkeit. Das Welpenzufutter muß von bester Qualität sein und ist dementsprechend teuer. An Tierarztkosten, die bei Problemgeburten entstehen können, ist dabei noch nicht einmal gedacht.

Rüdenbesitzer verlangen eine Deckgebühr, und die Reise dorthin sowie anfallende Übernachtungskosten fallen erheblich ins Gewicht. Auch gehört die Aussage, eine Hündin wäre nur richtig glücklich, wenn sie einmal Welpen gehabt hat, ins Reich der Märchen.

Sind Sie trotz all dieser Überlegungen der Meinung, mit Ihrem Hund die Rasse verbessern (nicht nur vermehren) zu können und fehlt es auch nicht am dazugehörigen starken Nervenkostüm, dann steht dem weiten Weg zur Zuchtzulassung nichts mehr im Wege.

Man wird Züchter mit kontrollierter Zucht, wenn man sich als Mitglied den strengen Zuchtbestimmungen des Schweizer Sennenhund-Vereins für Deutschland unterwirft. In Österreich hat der Verein für Sennenhunde (ÖSSV) ähnliche Zuchtbestimmungen. Für das Mutterland der Rasse, die Schweiz, ist der Schweizerische Klub für Berner Sennenhunde (KBS) der richtige Partner (Adressen S. 118).

Zuchtbestimmungen in Deutschland

Ihr Rüde oder Ihre Hündin muß einige Ausstellungen des Rassehundezuchtvereins besucht haben und dabei zweimal mit der Formwertnote »sehr gut« bewertet worden sein. Einmal ist diese Bewertung in der »offenen Klasse« erforderlich.

Ihr Hund muß von einem Tierarzt auf HD und ED geröntgt worden sein. Der Röntgenbefund darf für HD maximal »leicht« aufweisen. Bei ED darf der Befund höchstens ED-Grad I zeigen. Das Röntgen ist ab dem 1. Lebensjahr möglich. Besser ist es, man wartet bis zum 18. Lebensmonat, besonders beim Rüden. Die Röntgenbilder schickt Ihr Tierarzt dann an die zuständige Auswertungsstelle des Rassehundezuchtvereines. Bei HD-leicht und ED-I muß bei der Partnerwahl darauf geachtet werden, daß diese von HD und ED »frei« sein müssen.

Ist diese Hürde geschafft, dann können Sie Ihren Berner zu einer Zuchttauglichkeitsprüfung anmelden. Man nennt diese Prüfung auch Körung.

Die Körung

Eine Körung ist in zwei Teile gegliedert. Neben dem äußeren Erscheinungsbild prüft man besonders auch das Wesen der Hunde. Die Mitgliedschaft im Verein ist zur Teilnahme erforderlich.
Rüde und Hündin müssen zu diesem Zeitpunkt mindestens 18 Monate alt sein. Läufige Hündinnen können nicht zugelassen werden.

Ist auch die Zuchttauglichkeitsprüfung mit Bravour gemeistert, dann ist Ihr Hund zur Zucht zugelassen. Möchten Sie mit Ihrer Hündin züchten, kann ein Zwingerschutz beantragt werden. Der SSV fordert von seinen Züchtern, sowohl Hündinnen- wie Rüdenbesitzern, außerdem die Teilnahme an Züchterseminaren. Kenntnisse über die einzelnen Zuchtlinien und das Studium des Zuchtbuches gehören selbstverständlich ebenfalls dazu.

Das Bild auf Seite 94/95 zeigt einen acht Jahre alten Berner Sennen-Hund-Rüden mit seiner ein Jahr alten Hündin. Die Vitalität und Lebensfreude des Rüden lassen seine nicht dem Standard entsprechenden Lefzen vergessen.

Voraussetzungen für die Zucht

beim Hund

- HD-Röntgen (maximal HD-leicht)
- ED-Röntgen (maximal ED-I)
- Zuchtwert erfragen
- mindestens 2 Ausstellungsbewertungen mit »sehr gut«
- absolvierte Körung

beim Züchter

- Züchterseminare besuchen
- Zwingerschutz beantragen und zuteilen lassen
- Zuchtwart verständigen und Zuchtstätte überprüfen lassen
- die einzelnen Zuchtlinien studieren
- für optimale Aufzuchtbedingungen sorgen
- mit dem Zuchtwart Kontakt halten

Die Auswahl des richtigen Partners ist nicht einfach und erfordert Zeit. Versuchen Sie, so viel wie möglich über die in Frage kommenden Partner in Erfahrung zu bringen. Eine kompetente Hilfe bei dieser Wahl ist die computergestützte Zuchtwertschätzung des Schweizer Sennenhund-Vereines. Dabei werden alle HD-Werte der für die Zucht zugelassenen Tiere gespeichert und ausgewertet. Als Mittelwert geht man bei Tieren mit noch wenig erforschtem Umfeld von 100 aus. Der derzeitige Grenzwert für die aus der geplanten Verpaarung zu erwartenden Welpen liegt bei 102.

Prüfen Sie sich selbst, ehe Sie mit der Zucht beginnen! Sind Sie nervlich belastbar? Ist die Familie mit dem Zuchtvorhaben einverstanden und steht voll dahinter? Ist genug Zeit für die Welpenaufzucht vorhanden, notfalls rund um die Uhr? Nicht alle Welpen werden Sie mit der achten Woche schon abgegeben haben. Auch für die Zeit danach müssen Sie verfügbar sein können. Und bei allen Ihren Überlegungen muß das Wohl der Tiere im Vordergrund stehen!

Die Läufigkeit

Die Berner Sennenhündin wird in der Regel zwischen dem 7. und 12. Lebensmonat zum erstenmal läufig. Danach wiederholt sich die Läufigkeit im Normalfall alle sechs bis sieben Monate. Ein kürzerer oder auch längerer Zyklus ist durchaus möglich. Einen großen Einfluß hat dabei das Wetter: ein zeitiger Frühling oder auch ein sehr milder Winter können für einen verkürzten oder auch verlängerten Zyklus verantwortlich sein.

Beeinflußt werden Hündinnen auch von anderen, mit im Haushalt lebenden Hündinnen: wenn eine Hündin läufig wird, zieht die andere meist nach. Auch dieses Verhalten ist noch ein Überbleibsel aus wölfischer Zeit:

Läufigkeitsdiagramm

Tag		
5		Scham beginnt anzuschwellen
4		
3		
2		
1		großer Appetit, sehr anhänglich
1	Ausfluß	rot
2		
3		
4		hellrot
5		
6		rosa
7		
8		
9		farblos
10		
11		in der Regel bester Decktermin
12		
13		
14		während dieser Zeitspanne wird der Rüde von der Hündin am besten angenommen
15		
16		
17		
18		Hündin lehnt den Rüden ab; in seltenen Fällen aber auch noch am 21. Tag Befruchtung möglich
19		
20		
21		

Vom Alpha-Rüden gedeckt wurde nur die in der Rangfolge am höchsten stehende Wölfin. Da aber alle Wölfinnen zur selben Zeit läufig wurden, waren sie meist zur Zeit, wenn die Welpen kamen, scheinträchtig und sorgten so mit der Mutterhündin zusammen für den Nachwuchs. Diese konnte sich dann mehr der wichtigen Nahrungssuche widmen.

Die Hitze, auch Östrus genannt, ist ein Teil des Fruchtbarkeitszyklus. **Anöstrus** nennt man den Zeitraum der sexuellen Ruhe. In dieser Zeit ist die Hündin für Rüden nicht verfügbar. Sie interessieren sich auch nicht sonderlich für sie.

Proöstrus heißt die Zeit vor der eigentlichen Hitze. Der Hormonspiegel beginnt zu steigen. Äußere Veränderungen werden sichtbar, wie das Anschwellen der Scheide. Die Hündin sondert blutigen Ausfluß ab und wird für den Rüden interessant.

Der **Östrus** ist die Zeitspanne, in der die Hündin fruchtbar ist. Etwa 9 Tage nach Beginn des Proöstrus beginnt der Östrus: der Ausfluß verändert sich und wird hell bis blaß. Die Vulva vergrößert sich nochmals, und die Hündin ist paarungsbereit. Dabei spricht man auch von der Standhitze. In der Regel dauert diese Zeit drei bis vier Tage, kann sich aber auch bis zu neun Tagen verlängern. Mit Ausnahmen ist immer zu rechnen. Wenn keine Welpen geplant sind, ist die Hündin in dieser Zeit unter strengster Kontrolle zu halten (absoluter Leinenzwang!).

Der Östrus läßt sich exakt feststellen, wenn man beim Tierarzt einen Abstrich machen läßt. Sinnvoll ist auch ein Bluttest, der den Progesteronspiegel bestimmt.

Metöstrus ist der Zeitraum nach der Läufigkeit. Bei einer gedeckten Hündin wird der Zyklus durch die Trächtigkeit unterbrochen. Ansonsten tritt wieder eine hormonelle Umstellung ein. Dabei können nach sechs bis acht Wochen, wie bereits beschrieben, alle Anzeichen einer Scheinträchtigkeit (geschwollenes Gesäuge, Bemuttern von »Ersatzwelpen«) der Hündin das Leben etwas erschweren. Helfen Sie ihr über diese Zeit mit viel Beschäftigung und Ablenkung.

TIP

Haben Sie sich zum Belegen Ihrer Hündin entschlossen und ist der richtige Rüde für die Hündin gefunden, dann meldet man sich beim Rüdenbesitzer zum Belegen der Hündin an. Der Rüdenbesitzer wird seinerseits die Ahnentafel der Hündin sehen wollen. Das Recht, den Deckakt auch ablehnen zu dürfen, bleibt ihm unbenommen.

Zuchtreife

Die Geschlechtsreife ist nicht gleich die Zuchtreife! Die Vereine erlauben für beide Geschlechter die Zucht erst ab dem 18. Monat.

Der Deckrüde

Es ist selbstverständlich, daß Sie Ihren Rüden in gesundheitlicher Top-Verfassung halten und auch nur zum Decken freigeben, wenn er in bester Verfassung ist – sowohl körperlich als auch seelisch. Das Studium der einzelnen Zuchtlinien sowie die Einsicht in die Ahnentafeln der zu belegenden Hündinnen ist ebenso selbstverständlich.

Sollten mehrere Hündinnen in Folge leer geblieben sein, ist eine Spermauntersuchung unerläßlich. Jeder Hündinnenbesitzer hat ein Recht auf einmaliges kostenloses Nachdecken, wenn die Hündin leer geblieben ist.

Und bedenken Sie: Ihr Rüde ist keine Deckmaschine und zu häufige Deckakte eines Rüden innerhalb eines Jahres dienen keinesfalls der Rasse.

Das Decken

Um den genauen Decktag Ihrer Hündin ermitteln zu können, müssen Sie den Zyklus der Hündin gut kennen. Der günstigste Decktag liegt normalerweise zwischen dem 10. und 13. Tag ab Beginn der Läufigkeit. Mit Abweichungen ist zu rechnen. Ein Abstrich beim Tierarzt wird Ihnen den genauen Zeitpunkt bestätigen.

Sinnvoll ist es, schon etwas früher beim Rüden zu sein. Die beiden Tiere brauchen Zeit, um sich kennenlernen und beschnuppern zu können. Es soll auch schon vorgekommen sein, daß die beiden »Brautleute« keine Sympathien füreinander entdecken konnten und ein geplanter Deckakt nicht zustandekam.

Haben Sie den richtigen Zeitpunkt gewählt, die beiden konnten sich beschnüffeln und kennenlernen, wird Ihre Hündin hoffentlich bald dem Charme ihres Freiers erliegen und den Rüden aufreiten lassen. Gesunde Tiere, im richtigen Moment zusammengeführt, bedürfen keiner Unterstützung. Freundliches und zustimmendes Einwirken Ihrerseits hilft den beiden aber.

Manchmal ist es sinnvoll, die Hündin an die Leine zu nehmen. Sie sollte in diesem Augenblick nicht seitlich ausweichen. Wenn die Hunde hängen, könnte sich der Rüde sonst ernstlich verletzen. Versuchen Sie in dieser Phase niemals, die beiden gewaltsam zu trennen. Erhebliche Verletzungen können die Folge sein. Aus anatomischen Gründen ist dies auch nicht möglich. Selbst bei ungewollten Deckakten muß das beherzigt werden. Die Zeit des Hängens kann zwischen fünf und 20 Minuten dauern. In dieser Zeit drehen sich die beiden Partner, sie stehen dann Po an Po. Sinnvoll ist es, dem Rüden dabei zu helfen, seinen Hinterlauf über den Rücken der Partnerin zu heben.

Mit Glück bestimmt nun die Natur den Lauf der Dinge. In ca. 63 Tagen sind die Welpen zu erwarten.

> **TIP**
> *Nur eine vollkommen gesunde Hündin in Top-Verfassung darf zum Decken freigegeben werden.*

Trächtigkeit und Geburt

Während der Zeit der Trächtigkeit hat die Hündin ein Recht auf Ihre besondere Fürsorge. Erhöhte Futtergaben sind erst ab dem letzten Drittel der Trächtigkeit erforderlich. Ab dem 59. Tag ist erhöhte Aufmerksamkeit geboten. Ab jetzt sind die Welpen lebensfähig und können jederzeit geboren werden.

Bereits wenigstens eine Woche vorher sollte die Wurfkiste bereitstehen. Gewöhnen Sie Ihre Hündin vorher behutsam daran.

Jede Aufregung schadet jetzt. Sorgen Sie für eine ruhige und heimelige Atmosphäre.

Kontrollieren Sie wiederholt die Temperatur Ihrer Hündin. Steigt die normale Körpertemperatur an und fällt

Zwei Tage alter Welpe, wohlbehütet in Mutters Pfoten

dann plötzlich ab, steht die Geburt kurz bevor. Wenn die Fruchtblase geplatzt ist, muß innerhalb der nächsten zwei Stunden der erste Welpe geboren sein. Zur Sicherheit sollte Ihr Tierarzt von der bevorstehenden Geburt informiert werden, denn für solche oder andere Notfälle oder wenn von vornherein eine problematische Geburt erwartet wird, muß er jederzeit erreichbar sein. Daß Sie Ihre Hündin während der Geburt nicht alleine lassen, versteht sich von selbst.

Nach der Geburt wird umgehend der Zuchtwart verständigt.

▸ Die Wurfkiste

Die Wurfkiste sollte so groß sein, daß sich die Hündin bequem ausgestreckt darin hinlegen kann. Die Welpen müssen ebenfalls genügend Bewegungsfreiheit haben. Allerdings sollte die erste Behausung der jungen Familie auch nicht zu groß sein, damit die nötige Wärme gespeichert werden kann (24 °C sind ideal). Am Rand sollte ein Abstandsbrett dafür sorgen, daß die Hündin beim Hinlegen ihre Welpen nicht erdrückt.

Damit für die nötige Hygiene gesorgt werden kann, soll die Wurfkiste leicht und einfach zu reinigen sein. Als wärmende und kuschelige Unterlage sind die modernen waschbaren Drybeds ideal. Gegebenenfalls für Wärmematten sorgen!

▸ Die Entwicklung der Welpen

Die ersten 14 Tage im Leben eines Berner-Welpen bestehen aus Saugen und Schlafen. Diese Zeit wird die vegetative Phase genannt. Zum Trinken und Wärmen an Mutters Zitzen zu gelangen, ist das einzige Bestreben der Welpen. In dieser Zeit werden sie von der Mutter intensiv geleckt und gepflegt.

Aber auch jetzt sind schon Kontakte mit dem Menschen möglich und sinnvoll: beim täglichen Wiegen können die Kleinen vorsichtig gestreichelt werden. Da die Wurfkiste jeden Tag saubergemacht werden muß, hat der Züchter dabei die Gelegenheit, die Welpen in seinen Händen zu halten und mit den menschlichen Gerüchen vertraut werden zu lassen.

Mittendrin im Blumenbeet – hoffentlich gibt's kein Donnerwetter.

So ein Welpenspielplatz fördert die Intelligenz.

Die Hündin will die Wurfkiste in den ersten Tagen nur selten verlassen – hauptsächlich, um sich lösen zu können und sich zu reinigen. In dieser Zeit benötigt die Mutterhündin hochwertiges Futter in ausreichender Menge.

Ab der dritten Woche befinden sich unsere Welpen in der sogenannten Übergangsphase. Augen und Ohren öffnen sich. Die kleinen Näschen rea-

gieren jetzt schon. Die Baby-Zähnchen sind da. Die erste Entwurmung wird fällig. Ab Ende der dritten Woche kann man bereits mit der Zufütterung beginnen, um die Mutter zu entlasten.

In der vierten bis siebten Lebenswoche ist die Prägungsphase. Die Bindung zur Mutter lockert sich etwas. Unsere Welpen beginnen, ihr Nest zu verlassen: sie gehen schon auf kleine Entdeckungstouren. Wichtig ist in dieser Zeit enger menschlicher Kontakt. An vielfältige Umweltgeräusche muß der kleine Berner jetzt behutsam herangeführt werden. In dieser Zeit entwickelt sich die Intelligenz unserer Hunde und kann bereits gefördert werden.

In der achten Lebenswoche tritt der Welpe in die Sozialisierungsphase ein. Ab diesem Zeitpunkt löst sich die Bindung zur Mutter. Im Wolfsrudel in freier Natur übernimmt ab diesem Zeitpunkt der Rüde das Kommando. Die Erziehung beginnt. Deshalb ist dieser Zeitpunkt besonders günstig für das kleine Lebewesen, um seinen Platz in der neuen Familie zu finden.

Dieser kurze Abriß zur Entwicklung unserer Welpen kann nur eine Übersicht bieten. Welpenaufzucht ist eine Wissenschaft für sich, erfordert neben sehr viel Sachwissen auch ein starkes Nervenkostüm und eine gute gesundheitliche Kondition des Züchters.

▸ Ausstellungen

Rassehunde-Zuchtschauen sind ein Schaufenster der Rasse bzw. des sich präsentierenden Vereins. Sie werden unter der Obhut des VDH oder des Rassehundevereins durchgeführt.

Zuchtschauen sind öffentliche Veranstaltungen und dienen der Bewertung von Rassehunden. Sie sind somit eine wichtige zuchtfördernde Einrichtung. Um die Zuchttauglichkeit zu erreichen, sind sie unerläßlich. Die Schauen zeigen das Erscheinungsbild sowie den jeweiligen Stand der Rasse. Für Züchter sind sie von großer Bedeutung; für Rasseliebhaber dienen sie der Information und der Kontaktpflege.

Veranstaltet werden internationale Zuchtschauen von den Landesverbänden des VDH, dem VDH selbst und den Rassehunde-Zuchtvereinen. Bewertet werden die Hunde anhand ihres Rassestandards, der bei der FCI, der Weltorganisation aller Rassehunde-Zuchtvereine, hinterlegt ist. Den Rassestandard bestimmt immer das Mutterland der Rasse. Für unsere Berner ist das die Schweiz.

Eine Ausstellung auf grüner Wiese macht allen Spaß.

Bewertungen

Die Bewertungen sind durch die VDH-Zuchtrichterordnung bindend festgeschrieben und lauten folgendermaßen:

Die Formwertnote »**Vorzüglich**« darf nur einem Hund zuerkannt werden, der dem Idealstandard der Rasse sehr nahe kommt, in ausgezeichneter Verfassung vorgeführt wird, ein harmonisches, ausgeglichenes Wesen ausstrahlt, »Klasse« und eine hervorragende Haltung hat. Seine überlegenen Eigenschaften seiner Rasse gegenüber werden kleine Unvollkommenheiten vergessen machen, aber er wird die typischen Merkmale seines Geschlechts besitzen.

Formwertnoten

Vorzüglich (V)
Sehr gut (SG)
Gut (G)
Genügend (Ggd)
Nicht genügend (NGgd)

»**Sehr gut**« wird nur einem Hund zuerkannt, der die typischen Merkmale seiner Rasse besitzt, von ausgeglichenen Proportionen und in guter Verfassung ist. Man wird ihm einige verzeihliche Fehler nachsehen, jedoch keine morphologischen. Dieses Prädikat kann nur einem Klassehund verliehen werden.

»**Gut**« ist einem Hund zu erteilen, welcher die Hauptmerkmale seiner Rasse besitzt, aber Fehler aufweist, unter der Bedingung, daß diese nicht verborgen werden.

»**Genügend**« erhält ein Hund, der seinem Rassetyp genügend entspricht, ohne dessen allgemein bekannten Eigenschaften zu besitzen bzw. dessen körperliche Verfassung zu wünschen übrig läßt.

»**Nicht genügend**« erhält ein Hund, der nicht dem durch den Standard vorgeschriebenen Typ entspricht, eindeutig nicht standardgemäßes Verhalten zeigt oder aggressiv ist, mit einem Hodenfeh-

Gut vorbereitet, präsentiert man sich beim Einzelrichten ganz gelassen.

ler behaftet ist, einen erheblichen Zahnfehler oder eine Kieferanomalie aufweist, einen Farb- und/oder Haarfehler hat oder eindeutig Zeichen von Albinismus erkennen läßt. Dieser Formwert ist ferner dem Hund zuzuerkennen, der einem einzelnen Rassemerkmal so wenig entspricht, daß die Gesundheit des Hundes beeinträchtigt ist. Mit diesem Formwert muß auch ein Hund bewertet werden, der nach dem für ihn geltenden Standard einen schweren bzw. disqualifizierenden Fehler hat.

KLASSENEINTEILUNG ▸ Eingeteilt werden die Hunde nach ihrer jeweiligen Altersklasse, getrennt nach Rüden und Hündinnen. Folgende Klassen gibt es:

Jüngstenklasse: von 6 bis 9 Monaten. Dabei werden die Formwertnoten vielversprechend, versprechend und nicht versprechend vergeben.

Klasseneinteilung

Alter	*Klasse*	*Bewertungen*
6 – 9 Monate	Jüngstenklasse	Vielversprechend, Versprechend, Nicht versprechend
9 – 18 Monate	Jugendklasse	SG, G, Ggd, NGgd
Ab 15 Monate	Offene Klasse	V, SG, G, Ggd, NGgd
Mit Siegertitel	Championklasse	V, SG, G, Ggd, NGgd
Internationale Champions	Ehrenklasse	
Ab 8 Jahren	Altersklasse	

Bitte nicht stören! Ausreichend Schlaf ist für Welpen wichtig.

Jugendklasse: von 9 bis 18 Monaten, mit den Bewertungen SG bis NGgd. Ein »Vorzüglich« wird hier noch nicht vergeben.

Offene Klasse: ab 15 Monaten, mit den Bewertungen V bis NGgd.

Championklasse: für alle Hunde, die bereits einen nationalen oder internationalen Titel erreichen konnten.

Ehrenklasse: hier können internationale Champions gemeldet werden.

Altersklasse: für alle Berner ab dem vollendeten achten Lebensjahr. Bei Ehrenklasse und Altersklasse werden keine Formwertnoten mehr vergeben.

Der VDH vergibt auf seinen Schauen die begehrten CACIB's der FCI; Rassehundezuchtvereine vergeben das CAC.

Haben Sie einen Pracht-Berner zu Hause, der vielleicht sogar den Titel eines Internationalen Schönheits-Champions erreichen konnte, ist die Freude groß. Aber auch der mit »Gut« bewertete Hund sollte für Sie der beste und schönste sein. Ausstellungen machen Spaß, und sportliches Miteinander bringt Freude für Mensch und Hund. Falscher Ergeiz ist hier jedoch fehl am Platze. Ihr Berner ist und bleibt die Nummer 1 für Sie!

TIP

Läufige Hündinnen haben bei Rassehunde-Zuchtschauen keinen Zutritt.

FORMALITÄTEN ▸ Zuchtschauen werden vom VDH bzw. den Rassehunde-Zuchtvereinen ausgeschrieben. Hier sind auch die entsprechenden Meldepapiere zu erhalten. Sie müssen bei der Zuchtschauleitung oder den Sonderleitern zum angegebenen Termin eingegangen sein, ebenso die Meldegebühr. Ein gültiger Impfpaß sowie die Ahnentafel werden am Ausstellungstag benötigt.

VORBEREITUNGEN ▸ Rechtzeitig vor der Ausstellung haben Sie Ihren Berner gründlich gebürstet oder gar gebadet. Der erste Eindruck eines gepflegten Berners kann schon viel bewirken. Am Ring ist dann jedes Handling außer Bürsten verboten. Ihr Hund muß problemlos die Zähne zeigen. Beim Rüden werden auch die Hoden kontrolliert. Dies und das Traben im Ring sollte vorher schon etwas trainiert worden sein. Am besten lernt man den Ablauf und die »Kunst des Vorführens« beim Beobachten am Ring. Selbst bei der Vorführung anderer Rassen kann man einiges abgucken, und man sollte da mal Zuschauer gewesen sein.

IM RING ▸ Unsere Hunde sind im Wesen ruhig und gelassen. Das sollten sie auch im Ring zeigen. Läßt der Berner auch noch eine gute Bindung an seinen »Meister« erkennen, so kann schon fast nichts mehr schiefgehen.

Und tschüß – bis bald!

Ausstellungs-Checkliste

Vorbereitungen

- [ ] Meldepapiere beim Rassehunde- Zuchtverein oder beim VDH anfordern
- [ ] rechtzeitig und mit allen Angaben anmelden und Meldegebühr per Scheck an die Meldestelle entrichten
- [ ] vorher üben: Zähne zeigen und Hoden kontrollieren lassen
- [ ] am Tag vor der Ausstellung den Hund gründlich bürsten, evtl. auch baden
- [ ] Gebiß reinigen

Am Tag der Ausstellung

- [ ] den Hund ausreichend ausführen, damit er sich noch einmal lösen kann
- [ ] Klappstuhl, Hundedecke, Halsband und Leine, Bürste, Wassernapf und -flasche einpacken
- [ ] rechtzeitig am Ausstellungsgelände eintreffen
- [ ] Meldepapiere, Ahnentafel und Impfpaß griffbereit halten
- [ ] den Ring aufsuchen
- [ ] gelassen bleiben, um so unkomplizierter ist der Hund

Service

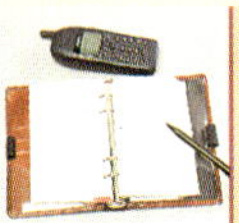

Service

ABHAAREN nennt man den halbjährlichen Fellwechsel.

AFTERKRALLE Die fünfte Zehe des Hinterlaufs. Sie darf laut Tierschutzgesetz ggf. nur vom Tierarzt entfernt werden.

AHNENTAFEL Abstammungsnachweis für den Rassehund. Darf nur von der Zuchtbuchstelle ausgefertigt werden und enthält alle wichtigen Daten des Hundes und den Generationennachweis.

AGILITY Hundesportart, die Geschicklichkeit und Schnelligkeit erfordert.

ALPHATIER der Ranghöchste eines Rudels.

ANALDRÜSE Eine mit stark riechendem Sekret gefüllte Drüse, links und rechts neben dem Darmausgang. Entleert sich normalerweise mit dem Kotabsetzen von selbst.

APPORTIEREN das Bringen von Gegenständen auf Befehl.

APPENZELLER Eine der vier Schweizer Sennenhundrassen. Sein Erkennungsmerkmal ist unter anderem das »Posthörnchen«; so nennt man die aufgedrehte Rute.

AUSBILDUNG z.B. die Begleithundausbildung (BH) ist die Grundlage aller weiteren Ausbildungsmöglichkeiten.

AUSSTELLUNGEN werden auch Zuchtschauen genannt. Sie verschaffen einen Überblick über die einzelnen Rassen.

BH-PRÜFUNG siehe unter Ausbildung.

BEHANG die Ohren des Hundes.

BELECKEN zeigt die enge Verbindung verschiedener Tiere eines Rudels.

BELEGEN Decken einer Hündin durch den Rüden.

BIS Best in Show bei Ausstellungen.

BOB Best of Breed oder Bester der Rasse bei Ausstellungen.

BRAND die braunrote Zeichnung beim Berner.

CAC Certificat d'Aptitude au Championat, Anwartschaft auf den nationalen Siegertitel.

CACIB Certificat d'Aptitude au Championat Internationale de Beauté. Anwartschaft auf den internationalen Siegertitel.

DECKSCHEIN wird nach dem erfolgten Deckakt vom Deckrüdenbesitzer ausgestellt.

DECKEN das Belegen der Hündin durch den Rüden.

DECKRÜDE männliches Zuchttier.

DOMINANZ Rangordnung bei Hunden. Wird von manchen Tieren auch gegenüber den Menschen gezeigt.

DÜRRBÄCHLER früherer Name des Berner Sennenhundes.

DYSPLASIE Fehlentwicklung sowohl des Hüft- als auch des Ellbogengelenks.

DUFTMARKE durch Urinabsetzen kennzeichnen Rüden ihr Revier.

ED Ellbogendysplasie.

ENTLEBUCHER SENNENHUND die kleinste der vier Schweizer Sennenhundrassen.

EKTROPIUM zu loser Lidschluß des Auges.

ENTROPIUM zu enger Lidschluß des Auges, das Lid rollt sich nach innen.

EXTERIEUR äußeres Erscheinungsbild des Hundes.

FANG Schnauze des Hundes.

FCI Fédération Cynologique Internationale, Weltorganisation der Rassehunde-Dachverbände.

FH Fährtenhund-Ausbildung.

FORMWERT die Bewertung eines Hundes bei Ausstellungen.

FÜHRIGKEIT ist die Bereitschaft des Hundes, sich seinem Führer unterzuordnen bzw. sich leiten zu lassen.

FRONT Vorderansicht des Hundes.

FÄHRTENHUND besonders für das Fährten ausgebildeter Hund mit abgelegter Prüfung.

GANGWERK Bewegungsablauf des Hundes, koordiniertes Zusammenspiel von Vorhand und Hinterhand.

GANGARTEN Schritt, Paß, Trab, Galopp.

GEBÄUDE Körperbau des Hundes.

GEBRAUCHSHUNDE Berner Sennenhunde werden, gemäß der Klassifizierung der FCI, nicht zu den Gebrauchshunderassen gezählt.

GESCHIRR wird zur Zughundearbeit benötigt und muß für den Hund angepaßt werden.

GENOTYP ist die nicht nach außen sichtbare, genetisch festgelegte Veranlagung.

GEBISS Vorbiß bzw. Rückbiß sind fehlerhaft.

GKF Gesellschaft zur Förderung kynologischer Forschung e.V.; sie hat es sich zur Aufgabe gemacht, im Interesse aller Hunde auf höchstem Niveau Forschung zur Gesunderhaltung zu betreiben und finanziert sich aus den Mitgliedsbeiträgen von Einzelpersonen und Vereinen.

GROSSER SCHWEIZER SENNENHUND die größte der vier Schweizer Sennenhundrassen. Vom Berner unterscheidet ihn unter anderem das Kurzhaar.

HANDSCHEUE Diese Angst zeigt ein Hund auf Grund falscher oder zu harter Behandlung seines Besitzers. Stets ein schlechtes Zeichen für den Besitzer.

HD Hüftgelenksdysplasie, siehe auch Dysplasie.

HEPATITIS infektiöse Leberentzündung.

HITZE Läufigkeit der Hündin mit den unterschiedlichen Fruchtbarkeitsphasen.

HINTERHAND Hüfte und Hinterbeine des Hundes.

HOSE lange Behaarung an den Hinterbeinen.

- **INZUCHT** Paarung blutsverwandter Tiere; bedarf im Schweizer Sennenhund-Verein der Genehmigung durch die Zuchtleitung.
- **KATZENPFOTE** geschlossene Pfote mit kurzen gewölbten Zehen (erwünscht).
- **KARPFENRÜCKEN** nach oben gewölbter Rücken; wird als Fehler gewertet.
- **KBS** Klub für Berner Sennenhunde in der Schweiz.
- **KONSTITUTION** allgemeine körperliche Verfassung.
- **KONDITION** antrainierte Körperverfassung.
- **KOLOSTRALMILCH** erste, für das Überleben der Welpen wichtige Milch der Hündin, enthält Antikörper.
- **KÖRUNG** Zuchttauglichkeitsprüfung, wichtige Voraussetzung für die Zuchtzulassung.
- **KRUPPE** vom Lendenwirbel bis zum Rutenansatz.
- **KUHHESSIG** Fehlstellung der Hinterhand.
- **KYNOLOGIE** Wissenschaft vom Hund.
- **LÄUFIGKEIT** fruchtbare Zeit im Zyklus der Hündin, Hitze.
- **LAUT GEBEN** das Bellen auf Befehl.
- **LEFZEN** die Lippen des Hundes.
- **ÖKV** Österreichischer Kynologenverband; Dachverband der österreichischen Rassehundezuchtvereine.
- **PEDIGREE** Abstammung.
- **PHÄNOTYP** das äußere Erscheinungsbild.
- **PIGMENTIERUNG** dunkle Färbung von Lefze und Nase.
- **RUTE** Schwanz des Hundes.
- **RÜDE** männlicher Hund.
- **SENKRÜCKEN** weicher Rücken, der deutlich eine Vertiefung zeigt; Fehler.
- **SKG** Schweizerische Kynologische Gesellschaft; Dachverband der schweizer Rassehundezuchtvereine.
- **STANDARD** Rassekennzeichen, erstellt immer das Mutterland der Rasse. Für Schweizer Sennenhunde ist dies die Schweiz.
- **STOP** Stirnabsatz.
- **TRAGZEIT** Trächtigkeit der Hündin, im Normalfall 63 Tage.
- **TURNIERHUNDSPORT** Wettbewerb für Hund und Mensch als Team. Nur für sportliche Berner.
- **VDH** Verband für das Deutsche Hundewesen e. V.; Dachverband der deutschen Rassehundezuchtvereine.
- **VORHAND** Schulter bis Ellbogen und Vorderfuß.
- **VSSÖ** Verein für Schweizer Sennenhunde Österreich.

- **WELPE** junger Hund bis zum Alter von zwei Monaten.
- **WELPENSCHUTZ** Jungtiere genießen eine höhere Toleranz im Rudelverband.
- **WERFEN** das Gebären der Hündin.
- **WIDERRIST** höchster Punkt der Rückenlinie.
- **WIDERRISTHÖHE** wird in senkrechter Linie vom Boden zur Schulterblatthöhe gemessen.
- **WURF** die bei einer Geburt geborenen Welpen.
- **ZITZE** Milchdrüse der Hündin (meist zwei Reihen mit je fünf Zitzen).
- **ZUCHTBUCH** vom Rassehundeverein geführtes, amtliches Register aller rein gezüchteten Hunde.

Der Berner Sennenhund

- **FCI-Standard Nr. 45/12.3.1993/D**
- **Gruppe 2**
- **Ursprungsland: Schweiz**
- **Klassifikation FCI: Sektion 3, Schweizer Sennenhunde, ohne Arbeitsprüfung**

VERWENDUNG

Ursprünglich Wach-, Treib- und Zughund auf Bauernhöfen, heute auch Familien- und vielseitiger Arbeitshund.

KURZER GESCHICHTLICHER ÜBERBLICK

Der Berner Sennenhund ist ein Bauernhund alter Herkunft, der in den Voralpengebieten und Teilen des Mittellandes in der Umgebung von Bern als Wach-, Zug- und Treibhund gehalten wurde. Nach dem Weiler und Gasthaus Dürrbach bei Riggisberg, wo dieser langhaarige, dreifarbige Hofhund besonders häufig vorkam, erhielt er seinen ursprünglichen Namen: »Dürrbächler«.
Nachdem 1902, 1904 und 1907 bereits solche Hunde an Hundeausstellungen gezeigt worden waren, schlossen sich im November 1907 einige Hundezüchter aus Burgdorf zusammen, um

die Rasse rein zu züchten. Sie gründeten den »Schweizerischen Dürrbach-Klub« und stellten Rassekennzeichen auf. 1910 wurden an einer Hundeschau in Burgdorf, zu der viele Bauern der Umgebung ihre Dürbächlerhunde brachten, bereits 107 Tiere vorgeführt.
Von da an erwarb sich die Rasse, in Anlehnung an die anderen Schweizer Sennenhunde nun »Berner Sennenhund« genannt, rasch Freunde in der ganzen Schweiz und bald auch im benachbarten Deutschland. Heute ist der Berner Sennenhund dank seiner attraktiven Dreifarbigkeit und seiner Anpassungsfähigkeit weltweit als Familienhund bekannt und beliebt.

ALLGEMEINES ERSCHEINUNGSBILD

Langhaariger, dreifarbiger, übermittelgroßer, kräftiger und beweglicher Gebrauchshund mit stämmigen Gliedmaßen; harmonisch und ausgewogen.

WICHTIGES MASSVERHÄLTNIS (FORMAT)

Verhältnis der Widerristhöhe zur Körperlänge ca. 9 : 10; eher gedrungen als lang.

CHARAKTER UND VERHALTEN (WESEN)

Sicher, aufmerksam, wachsam und furchtlos in Alltagssituationen, gutmütig und anhänglich im Umgang mit vertrauten Personen, selbstsicher und freundlich gegenüber Fremden; mittleres Temperament, gute Führigkeit.

KOPF

Kräftig; Oberkopf im Profil und von vorn gesehen wenig gewölbt; ausgeprägter, jedoch nicht zu starker Stirnabsatz (Stop), wenig ausgebildete Mittelfurche; kräftiger, mittellanger, gerader Fang.

NASENSPIEGEL Schwarz.

LEFZEN Wenig ausgebildet und anliegend, schwarz.

GEBISS Vollständiges, kräftiges Scherengebiß.

AUGEN Dunkelbraun, mandelförmig, mit gut anliegenden Lidern.

OHREN (BEHANG) Dreieckig, leicht abgerundet, hoch angesetzt, mittelgroß, in der Ruhe flach anliegend.

HALS

Kräftig, muskulös, mittellang.

KÖRPER

Kräftig, kompakt.

BRUST Bis auf Ellenbogenhöhe reichend, breit, mit deutlicher Vorbrust; Rippenkorb von breit-ovalem Querschnitt.

RÜCKEN Fest und gerade.

LENDENPARTIE Breit und kräftig.

KRUPPE Sanft abgerundet.

BAUCH Nicht aufgezogen.

RUTE

Buschig, mindestens bis zum Sprunggelenk reichend, in Ruhestellung hängend, in Bewegung schwebend auf Rückenhöhe oder leicht darüber getragen.

GLIEDMASSEN

VORDERHAND

ALLGEMEINES Stellung eher breit, von vorne gesehen gerade und parallel.

SCHULTERN Lang, kräftig, schräggestellt, mit dem Oberarm einen nicht zu stumpfen Winkel bildend, anliegend und gut bemuskelt.

VORDERMITTELFÜSSE Nahezu senkrecht stehend, fest.

PFOTEN Kurz, rundlich und geschlossen; Zehen gut gewölbt.

HINTERHAND

ALLGEMEINES Stellung von hinten gesehen gerade, nicht zu eng, Hintermittelfüße und Pfoten weder ein-, noch auswärts gedreht; Afterkrallen müssen entfernt sein.

OBERSCHENKEL Ziemlich lang, von der Seite gesehen mit dem Unterschenkel einen deutlichen Winkel bildend, breit, kräftig und gut bemuskelt.

SPRUNGGELENKE Kräftig und gut gewinkelt.

GANGWERK

Raumgreifender, gleichmäßiger Bewegungsablauf in allen Gangarten; ausgreifender, freier Vortritt und guter Schub aus der Hinterhand; im Trab von vorn und von hinten betrachtet geradlinige Gliedmaßenführung.

HAARKLEID

BESCHAFFENHEIT DER HAARE Lang, schlicht oder leicht gewellt.

FARBE DES HAARES Tiefschwarze Grundfarbe mit sattem, braunrotem Brand an den Backen, über den Augen, an allen vier Läufen und auf der Brust, und mit weißen Abzeichen wie folgt:

- Saubere weiße symmetrische Kopfzeichnung: Blesse, die sich gegen die Nase hin beidseitig zur weißen Fangzeichnung verbreitert. Die Blesse sollte nicht bis an die Überaugenflecken und die weiße Fangzeichnung höchstens bis zu den Lefzenwinkeln reichen.
- Weiße, mäßig breite, durchgehende Kehl- und Brustzeichnung.
- Erwünscht: weiße Pfoten, weiße Rutenspitze.
- Toleriert: kleiner weißer Nackenfleck, kleiner weißer Afterfleck.

GRÖSSE

RÜDEN 64 bis 70 cm Widerristhöhe, ideal 66 bis 68 cm.

HÜNDINNEN 58 bis 66 cm Widerristhöhe, ideal 60 bis 63 cm.

FEHLER

Jede Abweichung von den vorgenannten Punkten ist als Fehler anzusehen. Dessen Bewertung muß im Verhältnis zum Grad der Abweichung stehen und mit berücksichtigen, inwieweit Wesentliches beeinträchtigt ist.

- Feiner Knochenbau.
- Vorbiß und Rückbiß.
- Fehlen von anderen Zähnen als höchstens zwei PM 1 (Prämolaren); die M 3 bleiben unberücksichtigt.
- Entropium, Ektropium.
- Senkrücken, überbaute Kruppe, abfallende Rückenlinie.
- Ringelrute, Knickrute.
- Ausgeprägtes Kraushaar.
- Zeichnungs-/Farbfehler:
  - fehlende weiße Kopfzeichnung,
  - zu breite Blesse und/oder weiße Fangzeichnung, die deutlich über die Lefzenwinkel hinausreicht,
  - großer weißer Nackenfleck,
  - weißer Halskragen,
  - Weiß an den Vorderläufen, das deutlich über die Mitte des Mittelfußes hinaufreicht (Stiefel),
  - störend asymmetrische Zeichnung an Kopf und Brust,
  - schwarze Flecken und Streifen im Brustweiß,
  - unsauberes Weiß (starke Pigmentflecken),
  - Braun- oder Rotstich der schwarzen Grundfarbe.
- Wesensschwäche, Aggressivität.

Von der Bewertung ausschließende Fehler:

- Spaltnase.
- Blaues Auge, Birkauge.
- Kurz- oder Stockhaar.
- Fehlende Dreifarbigkeit.
- Andersfarbiger als schwarzer Mantel.

N.B.

Rüden müssen zwei offensichtlich normal entwickelte Hoden aufweisen, die sich vollständig im Skrotum befinden.

Kaufvertrag

Zwischen dem **Verkäufer** (Name, Vorname, Straße und Nr., PLZ und Ort):

....

und dem **Käufer** (Name, Vorname, Straße und Nr., PLZ und Ort):

....

wird folgender **K a u f v e r t r a g** geschlossen:

Muster

Gegenstand des Vertrages ist der Rüde*) die Hündin*)

(Name) ....

der Rasse .... Wurfdatum ....

im VDH/FCI-Zuchtbuch des Rassehunde-Zuchtvereins

(Name) ....

( ) **) eingetragen unter Nr. ....

( ) **) zur Eintragung angemeldet. Tätowier-Nr.: ....

Der **Kaufpreis** beträgt DM .... (i. W. Deutsche Mark ....

....)

Der Käufer erklärt, daß er mit dem Hund nicht*) züchten und diesen nicht*) ausstellen will.

Der Verkäufer leistet für die Richtigkeit der in der Ahnentafel bzw. in der Meldung zum Zuchtbuch enthaltenen Angaben **Gewähr, gleiches gilt für die Angaben in weiteren übergebenden Urkunden. Er versichert,** daß ihm irgendwelche offensichtliche oder verborgene Mängel oder Krankheiten des Hundes nicht bekannt sind. **Er erklärt, daß der Hund gegen Staupe, Hepatitis, Leptospirose, Parovirose, Tollwut *) geimpft wurde, und händigt den Impfpaß dem Käufer aus.**

Der Käufer bescheinigt, den Hund besichtigt zu haben. **Er erklärt,** daß er über die für die Aufzucht und Haltung eines Hundes notwendigen Kenntnisse, Fähigkeiten und Möglichkeiten verfügt und daß ihm bekannt ist, daß insbesondere ein junger Hund tiergerecht aufgezogen und gehalten werden muß und unter keinen Umständen überfordert werden darf. Von der Haftung für Beeinträchtigungen und Schäden, die durch falsche Haltung, Aufzucht oder Behandlung entstehen, **stellt er den Verkäufer frei. Er sichert ferner zu,** den Hund nach den Bestimmungen des Tierschutzgesetzes und den auf Grund dieses Gesetzes erlassenen Verordnungen zu halten.

( ) **) Die Ahnentafel ist dem Käufer übergeben worden.

( ) **) **Der Verkäufer verspricht,** die Ahnentafel nach Erhalt vom Zuchtbuchamt dem Käufer unverzüglich zuzusenden.

Zusätzlich werden folgende Abreden getroffen:

....

....

....

....

....

....

Verkäufer und Käufer erklären, daß darüber hinaus weitere Abreden nicht getroffen wurden. Ergänzungen und Änderungen dieses Vertrages bedürfen der Schriftform. Verkäufer und Käufer erhalten je eine Ausfertigung dieses Vertrages.

(Ort) .... (Datum)..

DER VERKÄUFER DER KÄUFER

*) Nichtzutreffendes bitte streichen
**) Zutreffendes bitte ankreuzen

Zum Weiterlesen

Aldington, Eric: Mach mehr aus Deinem Hund. Gollwitzer, Weiden 1998.

Aldington, Eric: Was tu ich nur mit diesem Hund? Gollwitzer, Weiden 1994.

Bärtschi, Margret und Hans J. Spengler: Hunde sehen, züchten, erleben. Das Buch vom Berner Sennenhund. Haupt, Bern/Stuttgart, 1992.

Beck, Peter: Das Beste für meinen Hund. Profi-Tips für Hundefreunde. Kosmos, Stuttgart 2000.

Becvar, Dr. Wolfgang: Naturheilkunde für Hunde. Grundlagen, Methoden, Krankheitsbilder. Kosmos, Stuttgart 1994.

Durst-Benning, Petra: Kräuterapotheke für Hunde. Kosmos, Stuttgart 1998.

Fechler, Christel: Berner Sennenhunde. Parey, Berlin 1997.

Feddersen, Dr. Dorit: Hunde und ihre Menschen. Kosmos, Stuttgart 1992.

Feddersen, Dr. Dorit: Hundepsychologie. Wesen und Sozialverhalten. Kosmos, Stuttgart 1989.

Feltmann-von Schroeder, Gudrun: Hund und Mensch im Zwiegespräch. Kosmos, Stuttgart 1993.

Fleig, Dieter: Die Technik der Hundezucht. Kynos, Mürlenbach 1987.

Harries, Brigitte und Jan P. Schniebel: Ein Hund soll es sein. Kosmos, Stuttgart 1994.

Harries, Brigitte: Ein Welpe kommt ins Haus. Kosmos, Stuttgart 1995.

Harries, Brigitte: Hundesprache verstehen. Kosmos, Stuttgart 1998.

Hertrich, Hans-Günter: Hundespaß Agility. Kosmos, Stuttgart 1998.

Hoefs, Nicole und Petra Führmann: Das Kosmos-Erziehungsprogramm für Hunde. Kosmos, Stuttgart 1999.

Jones, Renate: Welpenschule leichtgemacht. Kosmos, Stuttgart 1997.

Kejcz, Yvonne: So sag ich's meinem Hund. Kosmos, Stuttgart 1992.

Kejcz, Yvonne: Unser Hund wird alt. Kosmos, Stuttgart 1994.

Krämer, Eva-Maria: Das Kosmos-Hundebuch. Kosmos, Stuttgart 1995.

Lausberg, Frank: Erste Hilfe für den Hund. Kosmos, Stuttgart 1999.

Meyer, Helmut und Jürgen Zentek: Ernährung des Hundes. Parey, Berlin 1998.

Lorenz, Konrad: So kam der Mensch auf den Hund. dtv, München 1994.

Mönche von New Skete: Wer kennt schon seinen Hund? Ullstein, Berlin 1986.

Morris, Desmond: Dogwatching. Die Körpersprache des Hundes. Heyne, München 1993.

Narewski, Ute: Welpen brauchen Prägungsspieltage. Oertel & Spörer, Reutlingen 1996.

Pietralla, Martin: Clickertraining für Hunde. Kosmos, Stuttgart 2000.

Pryor, Karen: Positiv bestärken, sanft erziehen. Kosmos, Stuttgart 1999.

Räber, Hans: Brevier neuzeitlicher Hundezucht. Haupt, Bern 1995.

Räber, Hans: Schweizer Sennenhunde. Kosmos, Stuttgart 1995.

Rakow, Dr. Barbara: Der homöopathische Hundedoktor. Kosmos, Stuttgart 1999.

Ross, John und Barbara McKinney: Hunde verstehen und richtig erziehen. Kosmos, Stuttgart 1994.

Ross, John und Barbara McKinney: Welpen-Kindergarten. Erfolgreiche Erziehung von Anfang an. Kosmos, Stuttgart 1997.

Rustige, Dr. Barbara: Hundekrankheiten. Kosmos, Stuttgart 1999.

Schmalfuß, Ute-Kristin: Mein Hund. Kosmos, Stuttgart 1998.

Schnabel, Elisabeth: Unser Hund wird gut erzogen. Kosmos, Stuttgart 1992.

Stein, Petra: Bach-Blüten für Hunde. Kosmos, Stuttgart 1997.

Tellington-Jones, Linda und Sybil Taylor: Der neue Weg im Umgang mit Tieren. Die Tellington TTouch Methode. Kosmos, Stuttgart 1993.
Tellington-Jones, Linda: Tellington-Training für Hunde. Das Praxisbuch zu TTouch und TTeam. Kosmos, Stuttgart 1999.
Zidonis, Nancy A. und Marie K. Soderberg: Akupressur für Hunde. Kosmos, Stuttgart 1999.
Zimen, Erik: Der Hund. Goldmann, München 1992.

Nützliche Adressen

Schweizer Sennenhund-Verein für Deutschland (SSV) e. V.
Geschäftsstelle
Wolfgang Bürner
Am Vogelherd 2
D-90587 Obermichelbach
Tel.: 09 11-7 67 08 01
Fax: 09 11-7 65 86 82
SSV-Welpenvermittlung
Tel.: 09 11/76 78 13

Verband für das Deutsche Hundewesen (VDH) e. V.
Westfalendamm 174
D-44147 Dortmund
Tel.: 02 31-56 50 00
Fax: 02 31-59 24 40

Schweizerischer Klub für Berner Sennenhunde (KBS)
Hans Bachmann
Im Gisel
CH–8536 Hüttwilen
Tel.:0 52 747 13 66
KBS-Welpenvermittlung
Danielle Kress
Tel.: 0 31-7 11 19 71

Schweizerische Kynologische Gesellschaft (SKG)
Geschäftsstelle
Länggaßstr. 8
CH-3012 Bern
Tel.: 0 31-3 01 58 19
Fax: 0 31-3 02 02 15

Österreichischer Kynologenverband (ÖKV)
Johann-Teufel-Gasse 8
A-1238 Wien
Tel.: 01-80 8 88 70 92
Fax: 01-80 8 89 26 21

Verein für Schweizer Sennenhunde Österreich (ÖSSV)
Dietlind Stingel
Rehgraben 1
A-2103 Langenzersdorf
ÖSSV-Welpenvermittlung
Uschi Eisner
Tel.: 0 64 12-79 83

Gesellschaft zur Förderung Kynologischer Forschung e.V.
Postfach 14 03 53
D-53058 Bonn
Tel.: 01 80-3 34 74 94

Danksagung

Für die freundliche Unterstützung bei der Erstellung des Manuskriptes bedanke ich mich herzlich bei Frau Elke Schmid, langjährige Berner Sennenhund-Züchterin, die mich mit dem Erfahrungsreichtum aus ihrer Berner-Zucht »vom Stöckle« mit wertvollen Ratschlägen unterstützt hat.

Selbstverständlich war es für meinen Mann Wolfgang, mich mit konstruktiver Kritik bei der Erstellung des Manuskriptes zu unterstützen. Dafür und für seine liebevolle Geduld bedanke ich mich.

Dieses Buch wurde geschrieben für meine Berner Sennenhunde Lexa, Noah und Ritli, die mit uns in der Familie leben und uns täglich zeigen, was es heißt, Vertrauen zu haben, Liebe zu schenken und Freude zu bringen – und in Erinnerung an Edy, einen liebenswerten Vertreter seiner Rasse.

Register

Farbfotos von Peter Beck (4, S. 16, 96, 106, 118), Familie Bürner (10, S. 30, 65, 74, 87, 88, 93, 102, 103, 112, 124), Heide Dollmeyer (1, S. 82), Veronika Eßler (2, S. 83, 91), Günter B. Kögler (4, S. 70 li, 70 re, 71, 94/95), Maria Hug (1, S. 12), Brigitte Pamme (1, S. 19), Ralf Roppelt, Sahara Werbeagentur (7 Kapitelkennfotos ohne Hund und S. 62), Christof Salata/Kosmos (alle übrigen Aufnahmen), Familie Schönau (1, S. 101) und Inge Staiger (1, S. 31).
Farbzeichnung von Milada Krautmann (S. 113); Schwarzweißzeichnungen von Rainer Benz (S. 57), Milada Krautmann (S. 55) und Schwanke & Raasch (S. 54).
Historische Abbildungen aus der Enzyklopädie der Rassehunde von Dr. Hans Räber, Kosmos-Verlag (Seite 9, 10).

Umschlaggestaltung von Atelier Reichert, Stuttgart, unter Verwendung von drei Fotos von Christof Salata/Kosmos.

Mit 97 Farbfotos, 1 sw-Foto, 2 Farbzeichnungen und 3 sw-Zeichnungen.

Fachtierärztliche Durchsicht des Krankheitenkapitels: Vet. Dir. Dr. vet. med. a.D. Hans Christl, Obermichelbach.

Die Deutsche Bibliothek – CIP-Einheitsaufnahme

Der Titelsatz für diese Publikation ist bei
Der Deutschen Bibliothek erhältlich.

ISBN 3-440-07802-7
Lektorat: Angela Beck
Grundlayout: Friedhelm Steinen-Broo, eSTUDIO CALAMAR
Layout und Satz: TypoDesign, Radebeul
Printed in Czech Republic / Imprimé en République tchèque
Druck und Binden: Těšínská Tiskárna, a. s., Ceský Těšín

Hundepaß

NAME

GESCHLECHT

TÄTOWIERUNG

GEWORFEN AM

BEKOMMEN AM

BESONDERE MERKMALE

WICHTIGE ADRESSEN

ZÜCHTER

TIERARZT

TIERÄRZTLICHER NOTDIENST

HUNDEVEREIN

HUNDEPENSION

ZOOFACHHANDLUNG

InfoLine

MARGIT BÜRNER

lebt seit 25 Jahren mit Hunden zusammen. Ihre besondere Liebe gilt den Berner Sennenhunden, die sie erfolgreich ausstellt und ausbildet (als Begleithunde mit Verkehrstauglichkeitsprüfung und im Team-Test).

Im Schweizer Sennenhund-Verein (SSV) des VDH managt Margit Bürner die Welpenvermittlung, ihr Ehemann Wolfgang Bürner ist 2. Präsident und Geschäftsführer, Tochter Evi arbeitet aktiv in der Landesgruppe mit – eine Familie, in der sich alles um Berner dreht.

Sie können sich mit Ihren Fragen und Problemen an Margit Bürner wenden. Schreiben Sie an die »Hunde-InfoLine« (bitte mit Rückporto):

Kosmos Verlag
»Hunde-InfoLine«
Postfach 10 60 11
D - 70049 Stuttgart